시경, 사랑 노래를 읽다

Foreign Copyright:
Joonwon Lee

Address: 3F, 127, Yanghwa-ro, Mapo-gu, Seoul, Republic of Korea
3rd Floor
Telephone: 82-2-3142-4151
E-mail: jwlee@cyber.co.kr

시경, 사랑 노래를 읽다

2021. 4. 29. 초 판 1쇄 인쇄
2021. 5.   6. 초 판 1쇄 발행

지은이 | 목영만
펴낸이 | 이종춘
펴낸곳 | **BM** ㈜도서출판 **성안당**

주소 | 04032 서울시 마포구 양화로 127 첨단빌딩 3층(출판기획 R&D 센터)
10881 경기도 파주시 문발로 112 파주 출판 문화도시(제작 및 물류)

전화 | 02) 3142-0036
031) 950-6300

팩스 | 031) 955-0510
등록 | 1973. 2. 1. 제406-2005-000046호
출판사 홈페이지 | **www.cyber.co.kr**
ISBN | 978-89-315-5739-8 (03150)
정가 | 15,000원

이 책을 만든 사람들
책임 | 최옥현
진행 | 오영미
교정·교열 | 김동환
본문 디자인 | 신인남
표지 디자인 | 오지성
홍보 | 김계향, 유미나, 서세원
국제부 | 이선민, 조혜란, 김혜숙
마케팅 | 구본철, 차정욱, 나진호, 이동후, 강호묵
마케팅 지원 | 장상범, 박지연
제작 | 김유석

■ 도서 A/S 안내

성안당에서 발행하는 모든 도서는 저자와 출판사, 그리고 독자가 함께 만들어 나갑니다.
좋은 책을 펴내기 위해 많은 노력을 기울이고 있습니다. 혹시라도 내용상의 오류나 오탈자 등이
발견되면 **"좋은 책은 나라의 보배"**로서 우리 모두가 함께 만들어 간다는 마음으로 연락주시기
바랍니다. 수정 보완하여 더 나은 책이 되도록 최선을 다하겠습니다.
성안당은 늘 독자 여러분들의 소중한 의견을 기다리고 있습니다. 좋은 의견을 보내주시는 분께는
성안당 쇼핑몰의 포인트(3,000포인트)를 적립해 드립니다.
잘못 만들어진 책이나 부록 등이 파손된 경우에는 교환해 드립니다.

시경, 사랑 노래를 읽다

목영만 지음

BM 책문

—

들어가며

시경은 시(詩)이자 노래이자, 이미지입니다. 물론 「국풍(國風)」과 「소아(小雅)」 일부에 한해서지요. 공식적인 행사인 제례에 쓰이던 「송(頌)」과는 달리 「국풍」은 읽으면 읽을수록 인간미가 넘칩니다. 그중에서도 주(周)나라 초·중기 이전의 작품은 지금 읽어도 훌륭한 시임은 더 말할 나위가 없습니다. 그렇지 않고서야 어찌 3,000년을 이어져 전해질 수가 있겠습니까?

오늘날에도 많은 사람들이 공감하는 것은 사랑에 관한 시이자, 노래입니다. 특히 남녀 사이에 있어서 사랑 노래는 그 자체로 시요, 노래라 할 수 있습니다. 시경 305편 중, 공식적인 잔치나 제례에 사용하던 음악의 일종으로 해석되는 「대아(大雅)」와 「송」을 제외하고 「국풍」과 「소아」의 상당수는 남녀 간의 사랑을 노래한 것들입니다. 일반 민중들이 불렀던 노래의 대다수가 사랑으로 인한 감정의 변화를 읊었다는 사실은 오늘을 사는 우리들의 감정과 크게 다를 바가 없다는 것을 말해줍니다. 그야말로 시경은 다양하고 드라마틱한 사랑 노래의 백과사전인 것입니다. 소년과 소녀부터, 처녀와 총각, 그리고 부부간의 사랑 이야기가 오늘날의 드라마처럼 전개되고 있다는 사실을 확인하는 것은 시경을 읽는 또 하나의 즐거움입니다.

사랑은 바람을 타고, 비를 타고 시작됩니다. 사랑의 설렘과 기쁨부터, 사랑을 잃어버린 슬픔과 분노, 그리고 하염없는 기다림까지의 이야기는 장소와 시간, 방향을 초월하여 드러납니다. 이런 사랑 이야기는 때로는 진한 멜로드라마가 되기도 하고 때로는 짝사랑으로 괴로워하는 청춘 드라마가 되기도 합니다. 우리는 어쩌면 이 드라마를 보는 시청자일 수도 있습니다. 아니, 그 사랑의 현장을 탐사하는 여행자일지도 모릅니다. 또 시간을 거슬러 올라가 긴 역사 속에 묻혀있는 아름답고 슬픈 이야기들을 채굴하는 광부도 될 수 있습니다. 역사 속에서 사랑을 채굴하는 아름다운 광부, 이 얼마나 멋진 일입니까?

시경 속 사랑 노래는 두 가지 비밀을 간직하고 있습니다.

그중 하나는, 대부분이 여성의 목소리로 불린 노래라는 사실입니다. 305편의 시경에서 사랑 노래로 분류한 총 30편 중, 20여 편이 여성이 부른 것으로 추정되고 있습니다. 사랑이 여성의 전유물은 아니지만 사랑의 감정을 표현하는 데 있어서 여성의 섬세함이 작동되었다고 볼 수 있는 것입니다. 특히 부부간의 사랑 이야기는 대부분 여성의 목소리입니다.

다른 하나는 3,000여 년간 감추어진 선비들의, 남성들의 위선이 숨겨져 있다는 사실입니다. 노래를 수집하여 기록하고 전래되는 과정에서 다양한 해석들이 백가쟁명식으로 존재하고 있다는 사실은 이미 잘 알려져 있습니다. 특히 사랑 노래를 해석하는 데 있어서는 해석자들마다 드러내고 있는 위선과 가식을 읽을 수 있다는 것에 시경 속 사랑 노래를 읽는 묘미가 존재합니다. 적나라한 사랑 행위를 교훈적인 뜻으로 포장하여 점잔을 빼거나, 남녀 간의 솔직한 사랑 고백을 '문왕의 교화로 풍속의 질서가 잡혔다'는 식으로 해석하는 위선 말입니다.

일반 민중들의 사랑마저도 통치의 기반이 되는 일에 도움이 되도록 끼워 맞추는 해석들은 실로 교조주의적이라고 비판 받아도 마땅할 것입니다. 이렇듯 정치의 틀 속에 가두어 시경을 해석하는 것은 굳이 역사적 사건을 들추어내지 않아도 시경을 있는 그대로 해석하면 실제와 얼마나 동떨어져 있는지를 쉽게 알아차릴 수 있습니다. 그럼에도 불구하고 오늘날까지 그런 교조적·교훈적 해석으로의 유혹이 존재한다는 것은 참으로 가슴 답답한 일이 아닐 수 없습니다. 문화가 정치에 예속되거나 조종당하는 것을 경계하는 일들이 바로 지금 우리가 시경을 읽는 또 하나의 의미일 수도 있기 때문입니다.

모든 것이 정치로 회귀되는 것이라면 그것은 우리 삶의 존재를 반감시키는 것임이 틀림없습니다. 그렇기 때문에 거대한 통치 질서로부터 시와 노래를 독립시켜야 하는 일이 중요한 것입니다. 정치에 종속되면 삶의 의미 절반이 상실될 수도 있기 때문입니다.

이제 다시 본론으로 돌아오겠습니다.

시경 속 사랑 노래는 당시 감정으로 숨김과 보탬 없이 이해하고 감상해야 합니다. 순수하고 진실한 목소리를 있는 그대로 읽어야 하는 것입니다. 그것이 3,000년간 이어져 온 문화에 대한 최소한의 예우라 할 수 있기 때문입니다.

그러면 우리가 시경, 특히 시경 속 사랑 노래를 읽는 이유는 무엇일까요? 무엇인가 교훈을 얻기 위해서일까요? 지식의 지평을 넓히기 위해서일까요? 둘 다 아닙니다. 인간의 감정에 대한 공감의 폭을 넓힘으로써 읽는 사람이 삶의 공감 영역을 확장하도록 하는 데 있습니다. 그 감정의 공간 확대가 바로 인간으로 살아가는, 인간의 폭을 결정하는 것이기 때문입니다. 그래서 우리는 고전을 읽는 것입니다. 유한한 인생에서 가능한 그 공감의 영역을 넓혀보는 것은 실로 근원적인 즐거움을 누리는 일이기 때문입니다. 그것이 책을 읽는, 특히 고전을 읽는 가장 중요한 이유일 것입니다.

사랑의 감정은 실로 다양합니다.

먼저, 사랑은 기쁨이고 환희이며, 즐거움입니다.
둘째, 사랑은 슬픔이며 안타까움이지, 분노와 회한입니다.

셋째, 사랑은 후회이며 아쉬움이자, 간절함입니다.
마지막으로, 사랑은 그리움과 짝사랑의 애절함입니다.

이런 다양한 사랑의 감정이 시경 속에 묻어 있습니다. 한자 속에 숨어있는 사랑의 감정들을 들추어내는 작업이 바로 시경 해설을 하는 일종의 의무이자 보람인 것입니다. 이 책에서는 인간 본연의 감정 중에서 가장 순결하고 고귀한 사랑의 감정을 있는 그대로 들여다보려는 노력을 기울였음을 고백합니다.

총 305편의 시경 중에서 30편의 사랑 노래를 선정하였습니다.

오늘날에도 크게 변함이 없을 사랑으로 인한 기쁨과 슬픔, 분노와 회한을 느껴보는 사랑의 여행길로 떠나보시길 바랍니다.

차 례

들어가며   4

제1선_ 결혼하는 딸을 걱정하는 아버지의 애틋한 마음   13

제2선_ 올라갈 수 없는 나무, 교목   23

제3선_ 매실 열매에 담긴 뜻   31

제4선_ 가만가만 천천히 하세요   39

제5선_ 남들은 건너지만 나는 건너지 않네   47

제6선_ 흐린 물이 흐린 것은 맑은 물을 만났기 때문   57

제7선_ 풋풋한 사랑의 노래   71

제8선_ 뽕나무밭 가운데서? 젊은 남녀들의 합창   79

제9선_ 죽을 때까지 함께하자던 말, 그 말이 더 날 화나게 해   89

제10선_ 우리 집 담장 넘지 마세요   105

제11선_ 그대 없는 텅 빈 도시   115

제12선_ 닭이 우네요   121

제13선_ 내 짝은 왜 이리도   129

제14선_ 너 없어도 살 수 있어!   135

제15선_ 치마를 걷어 올리고   141

제16선_ 이루지 못한 사랑이 더 아쉬워   147

제17선_ 가까이 있지만 멀리 있는 그대   153

제18선_ 일일여삼추   159

제19선_ 아내에게 바치는 최고의 찬사   165

제20선_ 이슬방울 맺혔는데!   173

제21선_ 사랑의 정표, 작약   179

제22선_ 동쪽 하늘 해가 밝았네   187

제23선_ 신랑 신부가 부르는 결혼 축가   193

제24선_ 산초 한 줌을 손에 쥐여 준 뜻은   201

제25선_ 남자의 자존심, 상대방은 눈길도 주지 않는데   213

제26선_ 버드나무 아래서   219

제27선_ 사랑의 경쟁자는 도처에   225

제28선_ 달빛에 비친 근심   233

제29선_ 연꽃과 부들은 저리도 사이좋게 자라는데   239

제30선_ 연회의 배경음악, 사랑의 노래   245

마무리하며_ 사랑의 감정은 불멸함을   249

결혼하는 딸을 걱정하는
아버지의 애틋한 마음

활짝 핀 복숭아꽃처럼

예쁜 우리 딸,

결혼해서 잘 살기를.

- 복숭아꽃을 바라보며, 『시경』 「도요」 중에서 -

결혼하는 딸을 걱정하는 아버지의 애틋한 마음

'도요(桃夭)'라는 시를 보겠습니다. 결혼을 앞둔 사랑스런 딸에 대한 염려와 걱정을 복숭아나무에 빗대어 노래한 시입니다. 딸의 미래가 어떻게 될지 걱정하는 마음은 딸 가진 부모라면 모두 같을 것입니다.

결혼이란 함께 살아왔던 공간을 떠나 시집이라는 낯선 공간으로 삶이 이어지는 것을 뜻합니다. 지금이야 딸의 결혼으로 부모와 자식 간이 더 가까워지기도 하지만, 노래가 불리어졌던 당시의 결혼은 영영 집을 떠나는 이별의 순간이었습니다. 그런 부모의 눈에는 자신들의 품을 떠나가는 딸이 얼마나 안쓰럽고 걱정되었겠습니까?

우선 시를 감상하겠습니다.

작고 여린 복숭아나무, 꽃이 활짝 피었네.

桃之夭夭, 灼灼其華.　　　　도지요요, 작작기화.

복숭아나무(도. 桃)는 키 작은 과일나무입니다. 보통 성인의 키보다 작은 나무이기에 작고 여리며 가냘프게 보입니다. 요요(夭夭)는 '작고 여리다'는 뜻입니다. 본래 작은 나무이기도 하지만 복숭아나무가 더 작고 여리게 보이는 것은 꽃이 부드러운 분홍빛을 띠고 있기 때문일 것입니다. 복숭아꽃이 활짝 피었습니다. 작작(灼灼)은 '불꽃처럼 활짝 피어난 상태'를 말하며, 화(華)는 '꽃'을 나타내는 고어입니다. 현대에 쓰이는 꽃의 의미인 '화(花)'라는 한자는 중국 한대(漢代) 이후에 쓰였습니다. 따라서 그 이전에는 꽃을 나타낼 때 화(華)라는 한자를 사용하였으며, 시경에서도 꽃을 나타내는 한자는 모두 화(華)를 사용하고 있습니다.

봄과 함께 집 앞 복숭아나무에 진분홍빛 꽃이 활짝 피었습니다. 마치 결혼을 앞둔 사랑스런 딸처럼 아름답고 여리며 화사한 모습입니다. 복숭아꽃은 딸의 앞날을 걱정하는 모티브가 됩니다.

시집가는 이 아이, 그 집에서 잘 살았으면.

之子于歸, 宜其室家.　　　지자우귀, 의기실가.

지자(之子)는 '이 아가씨'라는 뜻이지만 여기서는 '딸'을 지칭하고 있습니다. 귀(歸)는 '시집가다'라는 뜻입니다. 당시의 결혼은 여자가 남자 집에 들어가서 사는 것을 의미하였기 때문입니다. 의(宜)는 '화목하다', '잘 지내다'라는 뜻으로 딸이 남편은 물론 그 집 어른들과도 화목하게 잘 지내기 바라는 부모의 마음을 표현하고 있습니다. 활짝 핀 복숭아꽃을 보니 사랑스러운 딸이 걱정되고 염려되어 마음이 애틋해집니다. 아직도 어린아이 같은 딸이 시집가서 잘 해낼 수 있을지 걱정되지만, 잘 해낼 것이라고 스스로 다짐하며 위안을 삼는 모습입니다.

계속 다음 절을 보겠습니다.

작고 여린 복숭아나무, 그 열매가 탐스럽게 열렸네.
시집가는 이 아이, 그 집에서 잘 살았으면.

桃之夭夭, 有蕡其實.　　　도지요요, 유분기실.
之子于歸, 宜其家室.　　　지자우귀, 의기가실.

분홍빛 꽃이 지고, 탐스럽고 먹음직스러운 복숭아가 주렁주렁 열렸습니다. 분(蕡)은 '열매가 많이 열려있는 모양'을 의미하는 한자입니다. 복숭아 열매는 처음 초록색에서 서서히 익어가며 연분홍색을 띱니다. 또 하나의 가지에 군집하여 포도송이처럼 열리므로 다 자라기 전에 몇 개만 남기고 솎아 내줘야 합니다.

이어서 마지막 절을 보겠습니다.

작고 여린 복숭아나무, 그 잎이 무성하네.
시집가는 이 아이, 그 집에서 잘 살았으면.

桃之夭夭, 其葉蓁蓁.　　　도지요요, 기엽진진.
之子于歸, 宜其家人.　　　지자우귀, 의기가인.

진(蓁)은 '잎이 무성하게 우거진 모양'을 말하며, 이후의 구절은 앞과 동일하게 반복됩니다. 노래하는 이는 복숭아나무를 어느 시점에

15

서만이 아닌, 시간과 계절을 두고 바라보고 있습니다. 시간의 흐름에 따라 복숭아꽃이 피고, 열매를 맺으며, 후에 잎이 무성한 모습을 바라보면서 딸에 대한 사랑의 감정을 노래하고 있는 것입니다. 또 복숭아나무는 딸의 미래입니다. 결혼을 해서도 복숭아꽃처럼 화사하고, 열매처럼 건강한 자녀를 낳아, 그 잎처럼 건강하게 잘 살기를 빌고 있는 것입니다.

이번에는 이 시에 담긴 중요한 '함의(含意)'를 살펴보겠습니다. 이 시는 결혼 후에 변해가는 여인의 일생을 노래하고 있습니다. 결혼 초의 젊은 나이는 꽃으로 표현되고, 그 시기는 단순히 집(家)에 들어가서 사는 시기입니다. 하지만 자녀를 낳고, 시간이 지남에 따라 자신만의 공간(室), 즉 영역이 생깁니다. 그렇게 시간이 더 지나 사람과의 관계가 맺어지는 원숙함의 단계에 들어서는 것이지요. 이 시기에 시댁 사람들(家人)과의 인간적인 유대 관계가 형성되는 것입니다. 이처럼 여인의 시간은 꽃에서 열매로, 열매에서 무성한 잎으로 흘러감을 상징하며, 그에 따라 여인과 시댁의 관계가 점점 더 깊어짐을 대조적으로 표현하는 멋진 노래입니다.

또 이 시의 내용과 아울러 설명을 빼놓을 수 없는 것이 하나 더 있습니다. 바로 노래라는 특성에서 기인한 '압운(押韻)'입니다. 압운은 유행가의 후렴구 같은 것으로 후렴구를 사용하는 방법은 동일한 말을 반복하거나 동일한 모음을 사용하여 끝부분을 살짝 변화시키는 것입니다. 대부분의 노래들은 단순하게 만들어서 쉽게 따라 부를 수 있도록 만들어집니다. 그래야 쉽게 기억하여 부를 수 있고, 단순 반복으로 홍을 돋울 수 있기 때문입니다. 4언4구, 3절로 구성된 이 노래도 압운을 갖추고 있는 것으로 보여집니다.

원문 전체를 다시 보도록 하겠습니다.

桃之夭夭 灼灼其華(화), 之子于歸 宜其室家(가)
桃之夭夭 有蕡其實(실), 之子于歸 宜其家室(실)
桃之夭夭 其葉蓁蓁(진), 之子于歸 宜其家人(인)

1절의 화(華)와 가(家)는 동일한 모음을 차용한 압운으로 추정됩니다. 2절은 2구의 실(實)과 압운을 맞추기 위해 4구의 실가(室家)를 가실(家室)로 바꿔 실(室)이라는 글자와 동일한 모음을 사용하였고, 3절에서도 진(蓁)에 호응하여 인(人)이라는 동일한 모음으로 압운을 맞춘 것으로 보입니다. 사실 3,000년 전 주(周)나라 시절의 한자 발음이 어떠하였는지는 아직 아무도 모릅니다. 그러나 불리던 노래를 수집하여 당시의 문자를 차용해 기록한 시경은 지금 우리가 읽고 있는 소리와 더 유사하였을지도 모릅니다. 또 반복을 통하여 가능한 쉽게 부를 수 있도록 한 것이 오늘날 우리에게까지 전래되는 생명력을 갖게 한 이유 중 하나일 것입니다.

마지막으로 이 시를 감상하는 두 가지 방법을 살펴보겠습니다. 하나는 이미지를 연상하며 노래하는 자의 시선에 집중하는 것입니다. 그러면 3,000년 전의 시간을 뛰어넘어 노래하는 자의 감정을 이해하고 읽어낼 수 있습니다. 딸의 결혼식을 앞둔 아버지의 마음으로 뜰 앞이나 울타리 밖의 복숭아나무를 바라보고 있다고 머릿속에 떠올려 보는 것입니다.

　때는 따사한 봄볕이 드리운 4월의 어느 오후, 마루에 서서 울타리 밖의 복숭아밭을 바라보고 있습니다. 시야에 만개한 진분홍색 복숭아꽃이 들어옵니다. 이어 시간이 흐르고 계절이 바뀌어 탐스러운 연분홍빛 열매가 이미 떨어져 버린 진분홍색 꽃을 품은 채 주렁주렁 매달려 있습니다. 그렇게 시간은 더 흘러 어느새 잎사귀만 무성하게 진초록색으로 변합니다. 복숭아나무의 꽃과 열매와 푸른 잎을 보니 눈에 넣어도 아프지 않을 사랑스런 딸의 일생 같아 더욱 지켜주고 싶어집니다.
　이렇게 이미지와 연상하여 읽으면 딸을 떠나보내는 부모의 마음과 감정으로 더욱 공감하며 시를 이해할 수 있게 되는 것입니다.

　다른 하나는 시를 서예 작품으로 감상하는 방법입니다. 아래 작품은 노정(魯亭) 윤두식(尹斗植) 선생의 것으로 서예 5가지 서체 중, 초서체입니다. 그는 평생 다른 곳에 눈 돌리지 않고 서예에만 몰두하였습니다. 그의 작품을 천천히 감상해 보시기 바랍니다.

첫 글자는 복숭아 도(桃)자입니다. 목(木)변과 조(兆)변을 상하로 쓴 것이며, 뜻은 같습니다. 결혼하는 딸에게 애절한 아버지의 마음을 담아 건네도 좋을 내용입니다.

심부재언(心不在焉), 마음이 없으면

시이불견(視而不見), 보아도 보이지 않으며

청이불문(聽而不聞), 들어도 들리지 않으며

식이부지기미(食而不知其味), 먹어도 그 맛을 알지 못한다.

'수신(修身)'과 '정심(正心)'의 관계입니다.

마음이 가지 않으면 몸도 가지 않음입니다.

세상 모든 일의 출발은 먼저 그곳에 마음을 두고

뛰는 가슴으로 닫힌 마음의 창을

활짝 열어젖히는 것부터 시작하여야 합니다.

– 『대학(大學)』 「전(傳)」 7장(章) –

제 2 선

올라갈 수 없는 나무,
교목

강 건너 키 큰 나무,
내 사랑 그곳에.

내 마음속,
넓고 긴 강.

갈 길을 막아서네.

– 그녀를 바라보며, 『시경』「한광」 중에서 –

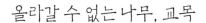

올라갈 수 없는 나무, 교목

이 노래는 '한광(漢廣)'이라는 시입니다. 한 여인을 향한 사나이의 불타는 마음을 노래한 시이지요. 그러나 감히 범접할 수 없는 지체 높은 여인이기에 그저 바라보고만 있습니다.

누군가의 이성에 대한 연모는 현실과 동떨어진 마음속의 움직임일 뿐입니다.

저 멀리 우뚝 솟은 나무 있으나, 쉬어갈 수 없네.

南有喬木, 不可休息.　　　남유교목, 불가휴식.

한 사나이가 강 건너편을 바라보고 있습니다. 남쪽입니다. 하지만 사나이에게 남쪽이라는 방향은 중요하지 않습니다. 저 멀리 보이는 키 큰 나무쪽이 더 중요하기 때문입니다. 키 큰 나무 아래 연모하는 여인이 서 있습니다. 이 사나이에게 연모하는 여인은 그늘이 없어 쉬어갈 수도 없는 교목(喬木)입니다. 높이 솟은 교목이기에 멀리 떨어진 이곳에서도 보이는 것이겠지요. 그러나 볼 수만 있을 뿐, 나가서 말을 걸 수도, 마음을 털어놓을 수도 없는 존재입니다.

강가에 노니는 여인 있으나, 그 마음 얻을 수 없네.

漢有遊女, 不可求思.　　　　　한유유녀, 불가구사.

자신과 처지나 신분이 비슷한 여인이라면 고백하여 그 마음을 얻을 수 있을지도 모릅니다. 하지만 그녀와 사나이의 신분은 너무나도 다릅니다. 그녀는 일하지 않고 노닐 수 있는 지체 높은 가문의 딸임이 분명합니다. 그래서 교목인 것이지요. 감히 올려다볼 수 없는 대상인 것입니다. 한수(漢水)는 중국 대륙 남쪽에 위치한 양쯔강(揚子江)의 지류입니다. 이 노래를 부르는 사람은 한수를 사이에 두고 건너편 키 큰 나무 아래에 서 있는 여인을 바라보고 있습니다. 또 이 노래가 어느 시점에서 불리어졌는지는 확인할 길이 없습니다. 주공의 동생인 소공이 소남(召南) 지역에서 수집한 것이라는 기록 이외에는 달리 시기를 특정할 만한 사료도 없습니다. 그러나 시기와 지역이 모호하다고 이 노래의 내용까지 불분명한 것은 아닙니다. 누가 뭐래도 이 노래는 범접할 수 없는 여인에 대한 연모의 노래이니까요. 쉽게 다가갈 수 있는 대상이었다면 아마도 이런 절절한 마음을 노래로까지 부르지는 않았을 것입니다.

강은 넓디넓어 헤엄쳐 갈 수 없고,
강은 길고 길어 뗏목도 띄울 수 없네.

漢之廣矣 不可泳思.　　　　　한지광의 불가영사.
江之永矣 不可方思.　　　　　강지영의 불가방사.

한수(漢水)는 중국 북서쪽 진령산맥에서 발원하여, 남동쪽으로 흐르다 우한(武漢)에서 본류인 양쯔강(揚子江, 長江)과 합류합니다. 길이만 1,532km에 달하는 양쯔강의 가장 큰 지류인 것이지요. 그렇기 때문에 헤엄을 쳐서 건너갈 수도 없습니다. 물론 이 노래에 등장하는 강이 한수만을 지칭하는 것은 아닙니다. 그녀와 사나이 사이에 위치한 넓은 강은 건널 수 없는 간격이 존재한다는 것을 의미합니다. 그래서 강이 넓고 긴 것이지요. 뗏목을 띄워서 가기에도 긴 강은 도저히 그녀에게 도달할 수 없는 근본적 차이이기도 합니다. 그런 간격이나 차이가 없다면 강이 넓고 긴들 무슨 방해물이 되겠습니까. 마음만 있다면 거리나 시간은 제약 조건이 되지 않는 것이 사랑의 힘인 것을 말입니다.

분명 여인은 이 사나이가 본인을 연모하고 있다는 사실 자체도 모를 것입니다. 그렇기 때문에 사나이만의 강이자 사나이만의 마음속 교목인 것이지요. 그래서 그는 그녀의 얼굴이라도 가까이에서 볼 방법을 혼자 생각해냅니다.

> 무성한 잡목 숲의 싸리나무 베어다가,
> 저 아가씨 시집갈 때 말 먹이나 주어볼까.

翹翹錯薪 言刈其楚.　　　교교착신 언예기초.
之者于歸 言秣其馬.　　　지자우귀 언말기마.

사나이가 서 있는 곳은 강가입니다. 강가 언덕에서 강기슭 사이의 언저리에는 땔감으로 쓸 만한 온갖 잡목들이 무성하게 자라나고 있습니다. 교교(翹翹)는 '잡목이나 풀 등이 무성하고 울창하게 자라나 있는 모양'을 나타내는 말입니다. 착신(錯薪)은 '가시나무', '싸리나무', '물쑥' 등 작은 풀들과 땔감용 잡목들을 일컫습니다. 특히 싸리나무의 여린 순은 동물 먹이용으로 안성맞춤입니다. 그도 말이나 망아지, 소나 송아지 등 가축을 먹이기 위한 순을 베러 이곳을 수시로 드나들었을 것입니다.

아, 그렇구나! 그는 무릎을 탁 칩니다. 여기 싸리나무 순을 베어 그녀가 시집갈 때 타고 가는 말에게 준다면 아주 가까이에서 그녀를 볼 수 있겠구나 싶었습니다. 그러나 그녀가 언제 시집을 가는지 알 수 없습니다. 그런 생각에 그녀의 얼굴이라도 보고 싶은 마음은 더욱 간절해집니다. 하지만 지금은 그녀에게 갈 수 없습니다. 갈 수 없는 넋두리는 반복됩니다.

강은 넓디넓어 헤엄쳐 갈 수 없고,
강은 길고 길어 뗏목도 띄울 수 없네.

漢之廣矣 不可泳思.　　한지광의 불가영사.
江之永矣 不可方思.　　강지영의 불가방사.

그녀가 시집갈 때는 말과 망아지도 함께 따라갈 것입니다. 그래서 그는 싸리나무보다 연한 물쑥을 베어다가 먹이를 줘야겠다고 생각해 봅니다. 지금 그가 서 있는 강둑 아래 수변에는 여린 물쑥이 무성하게 자라나 있습니다. 그대로 베어 내기만 하면 망아지의 먹이가 됩니다. 그러나 지금은 갈 수 없습니다. 아니, 간다한들 그녀를 만날 수가 없습니다. 갈 수 없는 이유를 강이 넓고 긴 것으로 돌리는 것이 차라리 위안이 됩니다.

다시 넋두리가 반복됩니다. 강은 넓고 길어 헤엄쳐서도, 뗏목을 띄워서도 그녀에게 갈 수 없습니다. 갈 수 없다는 넋두리로 마무리합니다. 전형적인 유행가 가사 같은 후렴구의 반복인 것입니다. 가고 싶어도 갈 수 없는 상황의 넋두리를 반복에 실어 뛰어넘을 수 없는 사랑의 간극을 달랩니다. 이런 상대방을 향한 연모의 정은 고통이자 안타까움입니다. 그러나 생각만 해도 가슴 뛰고 설렙니다. 이성을 생각하는 연모의 정은 수천 년의 시간이 지나도 변함이 없습니다. 그것이 바로 사랑의 힘인 것이지요.

> 무성한 잡목 숲의 물쑥을 베어다가,
> 저 아가씨 시집갈 때 망아지 먹이나 주어볼까.
> 강은 넓디넓어 헤엄쳐 갈 수 없고,
> 강은 길고 길어 뗏목도 띄울 수 없네.

翹翹錯薪 言刈其蔞,　　교교착신 언예기루.
之者于歸 言秣其駒.　　지자우귀 언말기구.
漢之廣矣 不可泳思,　　한지광의 불가영사.
江之永矣 不可方思.　　강지영의 불가방사.

이 시에서도 4언4구의 형식과 동일한 후렴구의 반복(한지광의 불가영사, 강지영의 불가방사 漢之廣矣 不可泳思, 江之永矣 不可方思.), 그리고 압운(押韻)이 적용된 것으로 보여집니다. 압운은 언예기루(言刈其蔞)의 루(蔞) 모음과 언말기구(言秣其駒)의 구(駒) 모음에서 사용한 것으로 추정됩니다. 그리고 후렴구의 마지막 소리는 사(思)라는 어조사입니다. 분명 한숨과 탄식, 괴로움을 표현하는 소리일 것입니다. 이 소리를 우리말로 표현하면 '가고 싶어도 갈 수 없네'이며, '없네~' 부분이 길게 늘어지는 탄식음인 것입니다.

이 시의 또 다른 묘미는 노래하는 이의 시선에 맞춰 이미지를 떠올려 보는 것에 있습니다. 강기슭에 서 있는 한 사나이가 넓은 강너머, 높이 솟은 나무 아래 서 있는 여인을 물끄러미 바라보고 있습니다. 그의 발치에는 싸리나무와 물쑥 등 잡목들이 우거져 있지요. 여인의 움직임을 한순간도 놓치지 않으려고 그쪽을 오랫동안 응시하면서 이루어질 수 없는 사랑 노래를 부르고 있는 것입니다.

키 큰 나무(교목, 喬木)

싸리나무(초, 楚)

물쑥(루, 蔞)

제 3 선

매실 열매에
담긴 뜻

매실을 따네,
남은 매실 아직 7할
남정네들 내게 오기 좋은 때.

매실을 따네,
남은 매실 이제 3할
지금 바로 오세요.

바구니에 매실 담네.
어서 와서 말해주오.

- 매실을 따며, 『시경』「표유매」 중에서 -

매실 열매에 담긴 뜻

이 노래는 '표유매(標有梅)'라는 시입니다. 여인이 부르는 일종의 구애가(求愛歌)이자, 연가(戀歌)이지요. 또 '매실을 따며'라는 노래이니 일종의 노동가라고도 할 수 있습니다. 하지만 힘든 노동을 달래는 것보다는 매실이라는 소재를 통해 여인의 속마음을 노래하는 시입니다.

이 노래가 수집된 지역은 서주(西周) 초기나 중기쯤의 위수(渭水) 부근으로 추정됩니다. 당시 사회 상황은 주(周)나라가 은(殷)나라를 정벌하고 전국 각지에 제후국을 세워 통치하던 시기입니다. 주나라 제후국들이 아직 강력한 국가 체제를 갖추지 않은 시기, 즉 국가의 통제가 강하지 않았던 시기라고 할 수 있습니다.

또 하나 중요한 점은 여성이 부른 목소리를 그대로 드러낸 노래라는 사실입니다. 당시 사회 상황에서 여권이 존중되고, 오히려 더 신장되었던 시기라는 것을 짐작할 수 있게 하는 노래인 것이지요. 그럼 여성의 사랑이라는 감정을 들여다보는 관점으로 이 노래를 살펴보겠습니다.

매실을 치네, 아직 7할이나 남았네.

摽有梅, 其實七兮.　　　　　　표유매, 기실칠혜.

　매실나무는 보통 사람 키보다 커서 가지 윗부분에 달린 매실을 따려면 긴 막대 등으로 매실을 쳐서 떨어뜨려야 합니다. 현재 여인은 매실을 쳐서 떨어뜨리는 일을 하고 있는 것입니다. 작업을 시작한 지 얼마 지나지 않았기에 아직도 따야 할 매실이 7할이나 남아 있습니다. 여기서 7이라는 숫자는 정확히 7개의 매실을 의미하지 않습니다. 아직도 따야 할 매실의 수가 딴 것보다 훨씬 많이 남았음을 의미하는 숫자인 것입니다. 정확한 의미는 다음 구절을 보아야 합니다.

　내게 마음 있는 남정네들은 오기에 좋은 때랍니다.

求我庶士 迨其吉兮.　　　　　구아서사 태기길혜.

　구아(求我)는 '나를 구하는', '나를 원하는', '내게 마음을 두고 있는' 것을 의미합니다. 서사(庶士)는 '남자들'을 지칭하며, 서(庶)라는 단어가 '여럿', '무리' 등의 뜻으로 사용되어 특정되지 않은 남자들을 나타냅니다. 태(迨)는 '바라고 원하는 장소나 수준에 이르다'라는 의미로 장소 또는 시간을 나타냅니다. 이 노래에서 장소는 노래하는 여인이 있는 곳, 즉 여인에게 다가와 그 마음을 말할 때라는 이중적인 뜻을 갖고 있습니다.

또 하나의 놓칠 수 없는 이미지 연상이 있습니다. 기실(其實)과 서사(庶士), 그리고 숫자 칠(七, 7)의 연상 작용입니다. 매실을 따던 여인의 눈에 들어온 매실은 가지에 둘 혹은 서너 개가 짝을 지어 달려 있습니다. 푸르고 싱싱한 매실에서 여인은 남정네들을 연상합니다. 숫자 칠(七)은 떨어지지 않은 매실의 양이기도 하지만 아직까지 자신에게 구혼할 수 있는 남정네들이 많다는 것을 뜻하기도 합니다.

시경의 묘미는 바로 자연과 노래하는 이의 감정 교감에 있습니다. 자연에 빗대어 자신의 속마음을 말하는 고백시인 것입니다. 그렇기 때문에 시경을 읽을 때는 항상 노래하는 이의 시각으로 그림을 그려야합니다. 그래야 그 깊은 맛을 더 느낄 수 있습니다. 이 시는 노래하는 여인의 동작을 감상해야 할 한 편의 동영상입니다. 이후의 동영상을 계속 보도록 하겠습니다.

매실을 치네, 이제 3할밖에 남지 않았네.
내게 마음 있는 남정네들, 지금 바로 오세요.

摽有梅, 其實三兮.　　　표유매, 기실삼혜.
求我庶士, 迨其今兮.　　　구아서사, 태기금혜.

이제 매실나무 가지에 매실이 얼마 남아 있지 않습니다. 삼(三)은 세 개가 남았다는 의미가 아닌, 앞 절의 칠(七)이라는 숫자와 대비해서 읽어야 합니다. 매실 치기가 거의 끝나가는 단계인 것이지요. 처음 이 일을 시작하였을 때만 해도 푸르고 싱싱한 매실들(남정네들)이 나뭇가지 곳곳에 달려있었는데, 이제 얼마 남아 있지 않습니다. 그러니다 떨어지기 전에 자신에게 와서 그 마음을 고백해주기를 바라고 있는 것입니다. 이 시에서 매실은 아주 중요한 상징입니다. 그 상징을 통해서 한 여인이 대담하고 용감하게 젊음을 고백하고 있는 것입니다.

계속해서 마지막 절을 보겠습니다.

> 매실을 치네, 광주리를 기울여 매실을 담네.
> 내게 마음 있는 남정네들, 어서 와서 말해주오.

> 摽有梅, 頃筐墍之.　　　표유매, 경광기지.
> 求我庶士, 迨其謂之.　　구아서사, 태기위지.

이제 나뭇가지에 매달린 매실은 없습니다. 전부 떨어뜨려 땅바닥에 깔려 있습니다. 바구니에 주워 담는 일만 남은 것입니다. 동영상이 거의 끝나가는 단계로 이 여인의 젊음도 끝나가는 것 같은 아쉬운 마음이 듭니다. 매실나무에 달린 매실들은 시간이 흐르면서 익어가고, 다익기 전에 막대기로 쳐서 땅에 떨어뜨립니다. 그렇게 떨어진 매실은 누군가 주워 담지 않는다면 그대로 시들어 버립니다. 이처럼 여인의 젊음도 익어서 떨어지고 시들어 버린 것입니다. 시들기 전에 사랑의 꿈을 펼쳐야 하는 간절함이 있는 것이지요.

시간의 흐름은 각 절의 어조사를 제외한 마지막 글자인 길(吉), 금(今), 위(謂)에서 읽을 수 있습니다. '좋은 때', '바로 지금', '말해주오'

로 이어지는 말 속에는 시간의 흐름과 감정의 변화가 있습니다. '좋은 때'는 시간에 구애 받지 않는 느긋함이, '바로 지금'은 급박함이, '말해 주오'는 언제든 와서 고백해주길 바라는 체념이 묻어있습니다. 시간 이 지나면서 젊음도 무르익다 시드는 것임을, 여인은 간접적으로 말 하고 있는 것입니다.

그것은 각 절 앞부분의 매실의 상태로도 유추할 수 있습니다. 실칠 (實七), 실삼(實三), 기지(墍之)라는 말을 해석하면 '매실나무에 달려 있는 7할의 매실', '아직도 나무에 달려 있는 3할의 매실', '바구니에 주워 담아야 할 땅에 떨어져 버린 매실'을 뜻합니다. 이를 숫자로 표 시하면 70%, 30%, 0%가 되는 것입니다. 이 숫자를 남아 있는 젊음 으로 대체해서 읽거나 이 여인에게 다가올 가능성이 있는 사내들로 읽을 수도 있습니다. 당돌하고 거짓 없는 여인의 목소리입니다.

애한정(愛閒靜)

한가롭고 고요함을 즐기다.

바쁜 현대인은 오히려 혼자 있는 고독감을 견디지 못합니다.
누구의 방해도 받지 아니하고
혼자 있는 시간들이 두렵기도 합니다.

나이가 들어갈수록
한가롭고 고요하게 혼자 있는 자유를
사랑하는 방법을 터득해야
행복해질 수 있습니다.

제 4 선

가만가만
천천히 하세요

가만가만 천천히 하세요.

내 앞치마 건드리지 마세요.

삽살개가 짖으면 안돼요.

- 내 앞치마 건드리지 마세요, 『시경』「야유사균」 중에서 -

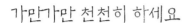

가만가만 천천히 하세요

이 노래는 '야유사균(野有死麕)'이라는 노래로 음란하다는 평을 받고 있는 대표적인 노래 중 하나입니다. 「국풍(國風)」 '소남(召南)'에 실려 있으며, 오늘날 읽어도 얼굴이 화끈거리는 내용을 담고 있습니다. 남녀가 서로 희롱하는 상황에서 나눈 대화이기도 하지만 당시 성풍속의 일단을 유추해 볼 수 있는 작품이기도 합니다. 우선 1절과 2절을 보겠습니다.

남자의 목소리입니다.

> 들에서 잡은 노루, 흰 끈으로 묶어 주었네.
> 그녀 마음 봄바람 부니, 젊은 사내 유혹하네.
> 떡갈나무 땔감, 들에서 잡은 사슴, 흰 끈으로 묶어 그녀에게 주었네.
> 백옥같이 아름다운 여인이여.

野有死麕 白茅包之.   야유사균 백모포지.
有女懷春 吉士誘之.   유녀회춘 길사유지.

林有樸樕 野有死鹿.　　　임유복속 야유사록.

白茅純束 有女如玉.　　　백모돈속 유녀여옥.

　여인의 환심을 사기 위한 남자의 선물은 노루와 사슴, 그리고 땔감입니다. 노루와 사슴은 들에서 사냥으로, 땔감은 숲 속에서 준비한 것입니다. 여인을 유혹하는 남자의 노력이 푸짐한 선물 공세인 것으로 보아, 여인과 남자의 관계가 부부 같아 보이지는 않습니다. 만약 남자가 유곽(遊廓)에 드나드는 것이었다면 아무래도 빈손으로 가지는 않았을 것입니다.

　노루(균, 麕)와 사슴(록, 鹿)은 당시 먹거리 중에서도 아주 귀한 재료였습니다. 두고두고 오랫동안 먹을 수 있는 식량인 것이지요. 또한 땔감은 살아가는 데 없어서는 안 될 필수품으로 먹고사는 문제를 해결하는 아주 기초적인 준비물입니다. 살아가는 데 중요한 두 가지를 선물로 주며 여자를 유혹하고 있는 상황을 한 남자의 목소리로 노래하고 있는 것입니다. 이 남자는 보기에도 아주 훌륭하고 멋진 남자. 즉, 좋은 남자(길사, 吉士)입니다.

　복속(樸樕)은 '한 뿌리에서 여러 잔가지가 나와 더부룩하게 형성된 작은 떡갈나무 무더기'를 말합니다. 이런 상태의 떡갈나무 무더기는 잔가지가 많기 때문에 베어내면 훌륭한 땔감이 됩니다. 띠풀(모, 茅)은 말 그대로 '끈으로 사용하는 풀'입니다. 띠풀 다발 여러 개를 연결하면 물건을 묶기에 좋은 끈이 됩니다.

이렇게 1, 2절에서 등장한 소재는 귀한 선물이며, 그 귀한 선물을 받은 여인의 화답이 3절입니다.

여인의 목소리입니다.

가만가만 천천히 하세요.
내 앞치마 건드리지 마세요.
삽살개가 짖으면 안돼요.

舒而脱脱兮.   서이태태혜.
無感我帨兮.   무감아세혜.
無使尨也吠.   무사방야폐.

더 이상 설명이 필요 없는 여인의 목소리입니다.

서(舒)는 '조용히', '천천히'라는 부사이며, 태태(脱脱)는 '남자가 여자의 옷을 벗기는 동작'을 말하는 일종의 의태어입니다. 기존의 시경 해설서 모두 이 동작을 설명하고 있지 않습니다. 예의나 법도에 어긋난다고 느꼈는지 글자의 뜻을 완곡하게 표현하고 있으며, 어떤 해설서는 이를 '천천히 가는 모양'이라고 해석하고 있습니다. 점잖은 선비들의 위선을 엿볼 수 있는 대목입니다. 여인은 남자에게 서두르지 말라고 합니다. 서두르다 보면 옷자락이 흔들려 부스럭 소리가 나기 때문입니다. 사실 소리가 나는 것은 옷사락이 아닐시도 모르시만, 소리 때문에 집안의 삽살개(방, 尨)가 짖어 주변에서 눈치채게 될까봐 걱정인 것입니다. 여인이 남자에게 타이르듯 말하는 목소리의 여운은 어조사인 혜(兮)의 발음에서 감지됩니다. 오늘날 혜(兮)의 중국어 발음(xi~)은 낮은 음조와 혼탁한 음색으로 길게 늘어지는 모음을 가지고 있습니다. 당시의 발음도 이와 유사하였다면, 당시의 상황을 떠올리기에 적절한 단서 중 하나일 것입니다. 너무도 솔직하여 선비들이 차마 제대로 옮기지 못한 시, 그래서 시경은 거짓이 없는 노래입니다.

이 노래에 등장하는 소재이며, 선물 공세 목록입니다.

노루(麕)

땔감(樸樕)

사슴(鹿)

노래 속에서 가장 논란이 많은 부분은 3절 마지막 부분입니다.

위의 서예 작품 3절은 여인의 목소리이며, 여인의 생각에는 거짓이 없고, 느끼는 감정과 본능에 충실합니다. 말 그대로 사무사(思無邪, 생각에 거짓이 없다)인 것입니다. 글자를 여인의 목소리로 바꾸어 감상해 보시기 바랍니다.

3절의 대화를 여인의 음성으로 정확히 옮기면 '서두르지 말고 천천히 벗기세요. 치맛자락 거칠게 다루지 마세요. 삽살개가 짖지 않도록 하세요.'일 것입니다.

공자는 시경의 일부가 음란하다고 말하였습니다. 그래서인지 기존 시경 해설서는 솔직하지 못합니다. 그러나 독자들이 시경을 정확하게 감상하도록 해설하는 것이 해설자의 의무이며, 일종의 사무사일 것입니다.

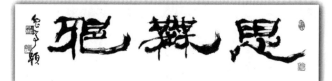

사무사(思無邪)

사무사,
공자가 시경 전편을 일컬어 사무사라 했습니다.
'생각함에 거짓이 없다'는 말입니다.

느낀 바대로 솔직하게 표현했다는 말이지요.
솔직함은 노래나 시가 생명력을 갖게 되는 원천입니다.

위선적이지 않은
사랑 노래는
3,000년이 지난 오늘날까지 사라지지 않고
전해지고 있는 원동력입니다.

제 5 선

남들은 건너지만
나는 건너지 않네

뱃사공이 손짓하네,

남들은 건너지만 나는 건널 수 없네.

기다리는 사람 있으니.

- 나는 건널 수 없네,『시경』「포유고엽」중에서 -

남들은 건너지만 나는 건너지 않네

이 노래는 다양한 해석이 존재하는 '포유고엽(匏有苦葉)'이라는 시입니다. 해석하는 이마다 노래의 주제를 다르게 해석하고 있기 때문입니다. 주자(朱子)의 시경 해설서인 『시경집전』에서는 주(周)나라의 제후국 중 하나였던 위(魏)나라 임금인 선공(宣公)과 그의 며느리였던 선강(宣姜)의 불륜을 질타하는 노래라고 해설되어 있으며, 『모시서』 또한 같은 해설을 하고 있습니다. 이 내용들과 다른 하나는 대만 학자 양자오(양조, 楊照)가 한 최근 해석입니다. 그는 이 시를 나루터의 풍경을 노래한 서사시로 보고 있습니다. 하지만 저는 둘 다 동의하지 않습니다. 이 노래는 나루터에서 떠난 임을 기다리며 부른 연가임이 분명합니다. 다만 그 여인이 바라보는 나루터의 풍경은 어느 하나의 시점이 아닌 오랜 시간을 두고 펼쳐지는 풍경의 변화이며, 그 속에서 여인의 마음을 읊은 시인 것입니다.

우선 이 시에 나오는 소재들을 살펴보겠습니다. 시는 내용 속에서 사용되고 있는 소재가 매우 중요합니다. 그 소재를 통해 노래하는 이의 마음을 이끌어내는 것이 가장 전형적인 시적 상상력이니까요. 이 시의 장소적 소재는 나루터(제, 濟)입니다. 나루터는 사람들의 왕래가 빈번한 장소입니다. 당연히 그 주변에는 잠시 쉴 수 있는 여관이나 주막이 있었을 것입니다. 지붕 위에는 박(포, 匏)도 심어져 있었겠지요. 여관이나 주막 등에서 가장 많이 쓰는 도구가 물을 담거나 마실 때 사용하는 박일 테니까요. 날짐승인 꿩(치, 雉)과 기러기(안, 雁)가 울고 있습니다. 또 수레바퀴(궤, 軌)를 언급하는 것으로 보아서 수레도 등장하며, 떠오르는 해(욱일, 旭日)와 뱃사공(주자, 舟子)도 보입니다.

이 소재들을 먼저 사진으로 배열해 보겠습니다. 시경을 해석하는 이미지 연상법으로 이미지를 연결하면서 그 속에 담긴 이야기를 재구성하는 방법입니다.

박(포, 匏)

나루터(제, 濟)

까투리(치, 雉)

기러기(안, 雁)

아침(단, 旦)

시경, 사랑 노래를 읽다

다시 말해, 시에서 언급되는 소재들을 장소적·시간적으로 연결하면서 노래하는 이의 마음을 헤아려 보는 연상법인 것입니다.

첫 번째 절을 보겠습니다.

박에는 쓰디쓴 잎이 달려있네, 강물은 깊거나 얕은데.
물이 깊으면 배를 타고, 얕으면 옷을 걷고 걸어서 건너면
되지.

匏有苦葉, 濟有深涉   포유고엽, 제유심섭.
深則厲, 淺則揭   심즉려, 천즉게.

노래하는 여인은 지금 나루터에 서 있습니다. 그녀의 눈에 먼저 주막 또는 자신이 머물고 있는 여관 지붕 위에 박이 보입니다. 여기서 박을 해석하는 것이 중요합니다. 지금 이 여인은 박이 아닌, 박에 달린 잎사귀를 쳐다보고 있습니다. 박이 눈에 들어오기 보다는 그 잎의 쓰디쓴 맛이 노래하는 여인의 마음인 것이지요. 기다리는 안타까움으로 쓰디쓴 것입니다. 그 마음으로 나루터에서 강물을 바라봅니다. 나루터의 강물은 갈수기에는 얕아지고 장마 기간에는 물이 불어 깊어집니다. 강물이 얕거나 깊은 것은 여인의 기다림이 계절이 바뀔 만큼의 긴 시간임을 말해주고 있는 것입니다. 강물이 깊을 때는 배를 타고 건널 수 있고, 얕을 때는 옷을 걷어 올린 다음 걸어서 건널 수 있습니다. 물의 깊고 얕음은 강을 건너는 데 전혀 장애 요소가 되지 않는 것입니다.

여기서 논란이 있는 려(厲)라는 글자의 해석을 보겠습니다. 려(厲)의 의미는 '화나다', '괴롭다'는 뜻이니, 게(揭)와 대구(對句)가 되지 못합니다. 그래서 그동안은 '옷을 걷어 올리는 동작'을 뜻하는 게(揭)와 대구로 해석하여 '옷을 벗어 머리에 이거나 높이 치켜드는 동작'으로 해석되어 왔습니다. 이는 억지 해석입니다. 아마도 노래가 기록되고 전달되는 과정에서 배를 이용하여 건너는 동작을 나타내는 어떤 글자가 변형된 것으로 추정됩니다.

또 한 가지 중요한 문제는 노래의 시기적인 문제로 한 시점인가, 지속적인 시점인가입니다. 여인은 어제도, 그제도, 한 달 전에도, 갈수기인 늦봄에도 왔습니다. 이것은 다음 절을 보면 알 수 있습니다.

두 번째 절입니다.

> 강물은 출렁이고, 까투리는 요란하게 우네.
> 강물은 깊어도 수레바퀴 젖지 않고, 까투리는 짝을 찾아 우네.

有瀰濟盈, 有鷕雉鳴　　　유미제영, 유요치명.
濟盈不濡軌, 雉鳴求其牡　　제영불유궤, 치명구기모.

꿩(치, 雉)의 암수가 등장합니다. 암꿩이 자신의 짝인 수꿩(기모, 其牡)을 찾아 웁니다. 그 시기는 바로 늦봄, 즉 갈수기입니다. 강물이 얕은 때인 것이지요.

강물이 넘칠 듯 출렁입니다. 이 시기는 아마도 늦가을 무렵일 것입니다. 시점에 차이가 있는 것입니다. 따라서 이 노래는 긴 시간을 두고 나루터의 풍경을 묘사하고 있는 것으로 볼 수 있습니다. 그 이유는 주인공의 시선이 매일 이곳에 꽂혀 있기 때문입니다. 하루도 거르지 않고 이 나루터에 온 것이지요. 아니면 근처 여관에서 장기 투숙을 했을지도 모릅니다. 그러나 매일 이곳을 찾아 왔다고 보는 것이 합리적일 것입니다. 또 여인은 나루터까지 걸어온 것이 아니라 수레를 타고 왔습니다. 수레를 타고 왔다는 것은 평범한 여인이 아니라는 뜻입니다.

유미(有瀰)는 '물이 가득 차 넘치듯이 출렁거리는 상태'를 말합니다. 보통 유(有)자 뒤에 한 글자가 덧붙으면, 뒷 글자를 강조하는 역할을 합니다. 따라서 미연(瀰然)으로 읽으면 됩니다. 강물은 넘칠 듯이 가득 찬(영, 盈) 상태로 찰랑거리며(유미, 有瀰) 흐릅니다. 장마가 끝난 후 나루터 강물이 불어난 것입니다. 그러나 여인과는 무관합니다. 아직 기다리는 님이 오지 않아 강을 건널 일이 없기 때문입니다. 그렇기에 수레바퀴 또한 젖을 일이 없습니다. 여인의 마음을 알아차리기라도 한 듯 암꿩이 수꿩을 찾아 웁니다. 나루터에 울려 퍼지는 꿩의 울음소리가 공허하게 그녀의 귓가에 들려옵니다.

계속해서 다음 절과 마지막 절을 함께 보겠습니다.

끼룩끼룩 기러기 울고, 아침 해 다시 떠오르네.
남자가 부인을 데리러 오려면, 얼음이 녹기 전이어야 하네.

뱃사공이 손짓하네. 남들은 건너지만 나는 건너지 않네.
남들은 건너지만 나는 건너지 않네. 임을 기다려야 하기 때문
이네.

雝雝鳴雁, 旭日始旦.	옹옹명안, 욱일시단.
士如歸妻, 迨氷未泮.	사여귀처, 태빙미반.
招招舟子, 人涉卬否.	초초주자, 인섭앙부.
人涉卬否, 卬須我友.	인섭앙부, 앙수아우.

옹옹(雝雝)은 '기러기 암수가 서로 좋아하여 우는 소리'를 나타내는
의성어로, 소리가 들리는 시점은 황혼이 지는 저녁 무렵입니다. 그 다
음 구는 해가 떠오르는(욱일, 旭日) 아침(단, 旦)의 시점입니다. 벌써 하
루가 지난 것이지요. 여인은 암꿩이 수꿩을 찾아 우는 늦봄부터, 기러
기가 날아가는 늦가을까지 떠난 임을 기다리고 있는 것입니다.

계절이 바뀌어도 여인의 기다림은 계속될 것입니다. 그것은 3절 후
반구와 이어진 4절을 보면 알 수 있습니다. 수레를 타고 강을 건너려
면 강의 얼음이 녹기 전이여야만 가능합니다. 하지만 지금은 늦가을
이며, 꼭 수레를 타고 건너야 할 이유는 없습니다. 기다리는 이유만
하나 더 늘어난 것에 불과합니다. 추위가 강물을 얼리는 한겨울이 지
나고, 그 얼음이 녹는 초봄까지도 기다리겠다는 의지의 표현인 것입
니다.

아마도 이 여인은 결혼한 남편을 기다리고 있는 것이겠지요. 무슨 일이 있는 것인지는 모르지만 남편은 곧 돌아온다고 약속하고 이 나루터에서 배를 타고 떠났을 것입니다. 그렇기 때문에 여인은 떠난 남편이 배를 타고 다시 이 나루터에 돌아올 것이라고 굳게 믿고 있는 것이지요. 그래서 해가 뜨자마자 매일같이 수레를 타고 나루터로 달려와 날이 어두워질 때까지 기다리는 것입니다.

마지막 절 해석입니다.

아침 해가 중천에 떠오르면 나루터는 다시 사람들로 붐빕니다. 배를 기다리던 사람들은 서둘러 배에 오르지만, 여인은 타지 않습니다. 아니, 탈 수 없습니다. 배를 타러 온 것이 아니고 돌아온다고 약속한 님을 맞으러 온 것이기 때문입니다.

이제 나루터에는 이 여인 혼자 남아 있습니다. 사공은 나루터에 우두커니 서 있는 여인에게 어서 배에 타라고 손짓합니다. 초초(招招)는 '사람을 손짓하여 부르는 동작'인 의태어이며, 주자(舟子)는 '뱃사공'을 뜻합니다. 여인은 그런 사공을 향해 자신이 타지 않는 이유를 분명히 말합니다. '내가(앙, 卬) 배를 타지 않는(부, 否) 이유는 나는 임(아우, 我友)을 기다려야 하기 때문(수, 須)이다.'라고.

여기서 이 노래에 대한 감상의 깊이를 한 단계 더 들어가 보도록 하겠습니다.

이 노래의 주인공이 한 여인이라는 것은 이미 설명한 바 있습니다. 돌아온다고 약속하고 떠난 남자(또는 남편)를 기다리며 하루도 거르지 않고 나루터로 달려와 노래하는 모습일 것이라고도 하였습니다. 정상적인 모습은 아닙니다. 하루도 거르지 않고, 매일 같은 행위를 반복하는 것은 상대방을 너무나도 사랑한 결과이기도 하지만, 현대적으로 표현하면 결코 다시는 돌아오지 않을 상대방을 기다리는 정신병적인 자기 과대망상에 빠져버린, 불쌍하고 가련한 여인일 수도 있습니다. 그녀의 그런 행동을 많은 사람들이 지켜보고 있다고 상상해 보십시오. 그런 상황에 있는 여인의 비정상적인 행동이 정상적인 사람들의 입을 통하여 이야기가 되고 노래가 되었을 것입니다. 그 당시 나루터에 가면 언제나 그 여인이 있었을 것이고, 그런 여인의 행동에 많은 이야기와 가슴 아픈 사연들이 덧붙여져 오늘날까지 이어 내려오고 있는 것인지도 모를 일입니다.

나루터에서 만들어진 안쓰럽고 아련한 이야기는 그곳이 사람들이 만나고 헤어지는 장소적 특성을 가지고 있었기 때문에 가능한 것이 아닐까요? 지금의 유행가 가사처럼 말입니다. 지금도 그 장소적 특성은 기차역으로, 정류장으로, 공항으로 확대되어 여러 형태의 이야기들로 만들어져 노래로 불려지고 있습니다. 하지만 그 내용은 거의 유사하지 않습니까? 그런 의미에서 '포유고엽(匏有苦葉)'이라는 나루터 이야기는 지금도 계속되고 있는, 우리 주변에서 살아 숨 쉬고 있는, 우리들의 이야기일 것입니다.

제 6 선

흐린 물이 흐린 것은
맑은 물을 만났기 때문

물이 흐린 것은
맑은 물 만났기 때문.

나를 미워함은
새 여자 만났기 때문.

"내가 만든 일터엔 얼씬도 하지 마라."

하지만, 지금 와서 뒷일 걱정한들
무슨 소용 있으랴.

- 흐리더니 비오네요,『시경』「곡풍」중에서 -

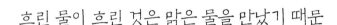

흐린 물이 흐린 것은 맑은 물을 만났기 때문

　다음 노래는 '곡풍(谷風)'이라는 시로 이 노래 역시 여성이 부른 노래입니다. 시경에는 여성의 노래가 아주 많은 편인데, 그만큼 여권이 그 이후 시대보다는 컸었던 것으로 짐작됩니다. 노래가 수집된 지역은 패(邶)나라입니다. 주(周)나라 무왕(武王)은 은(殷)나라를 정벌하고 은나라 옛 수도를 중심으로 북쪽, 남쪽, 동쪽에 세 사람의 감독자(삼감, 三監)를 설치하여 다스리게 하였습니다. 패나라는 바로 그 북쪽 지역인 위수(渭水)부근에 위치했었다고 알려져 있습니다.

　은나라 때만 해도 여성의 권리가 강하였으나, 주나라가 들어서고 점차 제후국들의 권한이 확대되면서 상대적으로 가부장적 질서가 고착화되어 가는 시기라고 할 수 있습니다. 이 노래는 그런 남성 중심의 질서가 뿌리내리는 가운데 한 여성이 자신의 슬픈 운명을 한탄하는 고백시의 성격을 갖습니다.

　또한 사랑의 전쟁에서 패한 여인의 한과 슬픔, 그리고 분노가 담긴 솔직한 목소리이기에 해석에 큰 어려움은 없습니다. 비유나 은유 또는 자연에 빗대어 자신의 감정을 표현하던 다른 시들과는 달리 상대방인 남편에 대한 원망의 감정을 그대로 드러내는 서정적 서술이기 때문입니다. 1절의 시작입니다.

　　동풍이 부네요, 흐리더니 비 오네요.

　　習習谷風, 以陰以雨.　　　습습곡풍, 이음이우.

　　곡풍(谷風)은 '골짜기에서 불어오는 바람', 동풍(東風)입니다. 동풍은 '봄에 부는 바람'이라는 뜻으로 춘풍(春風)이라고도 불립니다. 따라서 이 노래의 배경 시기는 봄입니다. 봄비속에서 부르는 한 여인의 애절한 목소리인 것이지요. 습습(習習)은 바람이 '쉬쉬'거리며 불어오는 것을 표현한 의성어입니다. 동풍이 쉬익 불어오더니 이내 흐려져 습해지고 곧 비가 내립니다.

　　시경에 수록된 노래의 상당수는 자연 현상을 언급하여 감정을 이끌어내는 방식을 사용합니다. 이 노래 역시 바람이라는 소재를 통하여 노래하는 자의 속마음을 드러내고 있습니다. 시경 속, 바람이라는 소재를 도입부에 사용한 노래는 무려 6편[1]이나 됩니다. 자연에서 불어오는 바람이 사람의 마음을 물결치게 만드는 것이지요.

1 바람을 도입부에 사용한 노래는 패(邶)나라 노래인 '종풍(終風)', '개풍(凱風)', '곡풍(谷風)', '북풍(北風)' 등 4개, 「소아」편의 '곡풍(谷風)'과 회(檜)나라 노래 '비풍(匪風)'이 있습니다. 특히 「소아」편의 곡풍(谷風)은 위의 곡풍과 동일한 소재를 사용하고 있으며, '버림받은 이혼녀의 슬픔과 분노'를 주제로 노래하고 있습니다.

함께 열심히 살아온 나에게, 화내면 안 되지요.

黽勉同心, 不宜有怒.　　　민면동심, 불의유노.

　노래하는 여인은 상대방, 특히 남편으로부터 옳지 않은 일을 당한 것이 분명합니다. 하지만 여인의 목소리는 아직 침착합니다. 과거 부부가 같은 마음으로 열심히 살아왔음에도 불구하고 남편이 부당한 대우를 한 것입니다. 적반하장인 것이지요. 민면(黽勉)은 '열심히 하다', 불의(不宜)는 '옳지 않은', '사리에 맞지 않음'을 의미합니다.

　순무와 무를 뽑을 때는, 뿌리만 뽑을 수 없는 것을.

采葑采菲, 無以下體.　　　채봉채비, 무이하체.

　이 말은 다음 구절의 말을 하려고 서두를 꺼낸 것입니다. 부부는 순무와 무처럼 줄기와 뿌리가 함께 있는 일심동체입니다. 줄기를 건드리지 않고 뿌리만 뽑아낼 수 없듯이 부부도 그렇게 갈라설 수 없는 것입니다. 뿌리는 아내이며, 줄기는 남편인 것이지요.

　당신이 약속한 말 어기면 안돼요. 죽을 때까지 함께하자 했잖아요.

德音莫違, 及爾同死.　　　덕음막위, 급이동사.

덕음(德音)은 '상대방이 하는 말'에 대한 존칭이며, 경청으로 고급스러운 언어입니다. 일반적인 말이 아닌 어진 음성인 것이지요. 여기서는 남편이 한 약속을 말합니다. 그 약속은 '죽을 때까지 같이 동고동락하자'는 말로 남편은 이 약속을 결혼 초에 했었습니다.

그때 남편의 목소리는 어진 음성, 즉 '덕음'이었습니다. 위(違)는 '정하여진 것을 지키지 못하는 것'으로 정한 약속에서 벗어나는 것을 의미합니다.

1절에서 이 노래의 주제가 명확해졌습니다. 남편으로부터 버림받은 여인의 이야기인 것이지요. 2절 이하는 남편에 대한 원망과 슬픔, 분노의 목소리입니다. 계속해서 보겠습니다.

가는 길이 더딘 건, 가고 싶은 마음이 없기 때문.
멀리도 가까이도 나와 보질 않고, 그저 문안에서 날 보냈네.
누가 씀바귀를 쓰다고 했나, 내겐 달래처럼 달기만 한데.
남편은 새 여자 만나 즐거워하네, 형처럼 아우처럼.

行道遲遲, 中心有違.	행도지지, 중심유위.
不遠伊邇, 薄送我畿.	불원이이, 박송아기.
誰謂茶苦, 其甘如薺.	수위도고, 기감여제.
宴爾新婚, 如兄如弟.	연이신혼, 여형여제.

여인은 남편으로부터 버림받아 함께 살던 집을 떠나 어디론가 가고 있습니다. 가는 길이 흐리더니 이내 비가 내립니다. 지지(遲遲)는 '느

릿느릿 걷는 모양'이라는 뜻으로 비를 맞으며 걸어가는 여인의 더딘 발걸음을 표현하고 있습니다.

하지만 가고 싶지 않습니다. 마음속(中心)에는 이 길을 가야 한다는 운명을 따르지 않고 싶은 것이지요. 할 수만 있다면 이 상황을 따르지 않고(위, 違) 다시 되돌리고 싶은 것입니다.

하지만 어쩔 수 없습니다. 되돌릴 수 없습니다. 이런 상황을 만든 남편이 야속합니다. 그런 남편은 헤어지는 순간조차 문밖에 나와 잘 가라 배웅하지 않았습니다. 멀리도(원, 遠), 가까이도(이, 邇) 나와 보지 않고 문안에서 여인을 보냈습니다. 야박합니다. 기(畿)는 '문지방' 또는 '문안'을 뜻합니다. 이(伊)는 '또는'이란 뜻을 가진 어조사, 박(薄)은 '야박하다'라는 뜻을 가진 어조사입니다.

수(誰)는 '누가'라는 뜻을 가진 의문사로 영어 'Who'로 이해하면 됩니다. 위(謂)는 '이르다', '말하다', '일컫다'라는 동사이며, 영어로 함께 읽으면 'Who says~'입니다. 이 어구는 시경에 많이 등장하는 어구로 시적 감흥을 북돋아 주는 아주 재미있는 표현이기도 합니다. 도(荼)는 봄철 입맛을 돌게 하는 씁쓸한 맛의 나물인 '씀바귀'입니다. 여인은 남편을 만나 고생하며, 힘든 시절을 보냈지만, 결코 그것이 힘들다고 생각하지 않았습니다. 오히려 달래처럼 달콤한 시절이었다고 생각합니다. 제(薺)는 '달래'라는 채소입니다. 그러나 남편의 생각은 다릅니다. 오히려 새로운 여자를 맞아 즐겁기 그지없습니다. 연(宴)은 '(잔치를)즐기다', '즐겁다'라는 뜻입니다.

2절은 이렇듯 자신의 속마음과 달리 매정하기 그지없는 남편에 대한 원망이 담겨있습니다. 지금도 이런 내용을 읽으면 화가 납니다. 이 여인의 입장에서 보면 너무도 순진하게 당하고만 살았던 것입니다.

또 하나 짚고 넘어가야 할 것이 있습니다. 대구와 압운의 사용입니다. 2절에서 위(違, wei)와 기(畿, ii), 제(薺, ji)와 제(弟, di)는 대구로 압운을 사용한 것으로 보여집니다. 노래의 사사구(四四句) 마지막 부분의 모음(i)을 동일하게 함으로써 노래의 감칠맛을 살리는 방법인 것이지요.

3절입니다. 새로운 여자에 대한 원망을 노래하고 있습니다.

> 경수는 위수를 만나 흐려지지만, 경수도 맑은 곳 있네.
> 남편은 새 여자 만나, 날 좋아하지 않게 되었네.
> 내 어살 가지 마라, 내 통발 들추지 마라.
> 하지만 집에서 쫓겨났으니, 뒷일 걱정한들 무슨 소용 있으랴.

涇以渭濁, 湜湜其沚.	경이위탁, 식식기지.
宴爾新婚, 不我屑以.	연이신혼, 불아설이.
毋逝我梁, 毋發我笱.	무서아량, 무발아구.
我躬不閱, 遑恤我後.	아궁불열, 황휼아후.

'경이위탁(涇以渭濁)'은 후세에 '경위분명(涇渭分明)'이라는 사자성어의 기원이 되는 구절입니다. 경수(涇水)와 위수(渭水)는 황하(黃河)

의 지류이며, 경수는 북쪽에서 남쪽으로 흐르고, 위수는 서쪽에서 동쪽으로 흐르다 시안(西安)[2]에서 합류합니다. 또 경수는 물이 맑지만, 위수는 물이 흐립니다.[3] 경수는 사막 지역을 통과하고, 위수는 황토 지역을 통과하기 때문입니다. 따라서 합류 지점에서 물의 맑고 흐림이 분명해지는 것이지요. 상대적인 맑기가 합류되는 시점에서 확연히 드러나는 것입니다. 그래서 '경위분명'이라는 사자성어가 생긴 것이지요.

여기서 경수는 노래하는 여인을, 위수는 새로 들어온 여자를 지칭합니다. 본래 강물의 흐리기는 상대적입니다. 상대적으로 맑거나 흐린 것입니다. 새로운 여자가 들어오기 전에는 남편도 여인을 흐린 물이라고 생각하지 않았습니다. 원래의 경수는 맑았지만, 흐린 위수 때문에 흐려진 것이지요.

노래하는 여인이 흐린 것이 아닌 새로 들어온 여인 때문에 흐려 보이는 것입니다. 원래는 맑지만 새로운 여자 때문에 남편이 그렇게 취급한다는 말로 자신의 본 가치를 알아주지 못하는 남편을 향한 원망의 목소리입니다. 식식기지(湜湜其沚)는 '경수가 위수를 만나는 지점이 아닌 물가 쪽은 맑다'는 뜻입니다. 자신이 맑은 여자임을 남편은 알아주지 않는 것입니다. 너무 소극적인 반항입니다.

하지만 이런 마음속에서만 요동치는 소극적 반란이기에 이 노래가 3,000년을 이어져 전해지는 생명력을 갖게 한 것이겠지요. 긴 역사를 놓고 보면 누가 이기고, 누가 졌는지는 당시엔 알 수 없다는 말이 진

---

2 시안(西安)은 중국 고대국가인 주나라와 진나라 시대의 수도로 산시성의 성도입니다.
3 이강국, 『서안실크로드 역사문화기행』, 북스타, 2017.

실에 가까운 것은 아닐까요?

　연이신혼(宴爾新婚)은 '새로운 여자를 들여서 즐거워하다'라는 뜻으로 1절의 내용이 반복됩니다. 설(屑)은 '달갑게 여기다', '좋아하다'라는 뜻이며, 불아설이(不我屑以)는 '그래서 나를 달갑게 여기지 않아'라는 뜻입니다. 새로운 여자 때문에 남편이 자신을 좋아하지 않게 되었다고 말하는 것이지요. 다음에 올 내용은 새로운 여자에 대한 분노이자 생각만으로 혼자 말하는 소극적 복수입니다.

　무서아량(毋逝我梁)의 무(毋)는 '하지 마라'의 뜻을 가진 명령어, 서(逝)는 '가다', 량(梁)은 물고기를 잡기 위해 흐르는 물길에 돌을 쌓아 만든 일종의 유도장치인 '어살⁴'입니다. 자신이 공들여 만든 곳에 새로운 여자가 간다고 생각하니 억장이 무너집니다. 그래서 혼잣말로 가지 마라하며, 소극적인 복수를 하는 것이지요. 또 그곳에 가서 자신이 설치한 통발을 들추지 말라고 명령합니다. 하지만 듣는 이는 없습니다. 무발아구(毋發我笱)의 발(發)은 '들추다', 구(笱)는 대나무로 엮어 만든 고기 잡는 도구 '통발'입니다. 여인은 이제 자신이 할 수 있는 일은 없다는 사실을 깨닫고 푸념합니다.

　아궁불열(我躬不閱), 황휼아후(遑恤我後). 이제 본인이 몸소(궁, 躬) 어살이나 통발을 설치하거나 들여다볼(열, 閱) 일은 없습니다. 그러니 사후의 일을 근심하고 걱정한들 무슨 소용이 있겠습니까? 자기 자신

4 어살은 흐르는 물길에 돌을 쌓아 물고기가 들어오도록 만든 것으로, 이곳에 대나무로 엮은 통발을 설치하여 물고기를 잡습니다.

의 처지를 돌이켜보니 모두 다 부질없는 근심(휼, 恤)이고, 경황없이 허둥(황, 遑)거리는 걱정일 뿐입니다.

4절입니다.

깊은 물 건널 때는 뗏목이나 배를 타고, 얕은 물 건널 때는 헤엄치거나 자맥질[5]을 했지요.
집안에 무엇이 있는지 없는지 살펴, 애써 이를 갖춰 놓았고.
이웃들 어려울 때, 힘써 도왔지요.

就其深矣, 方之舟之.   취기심의, 방지주지.
就其淺矣, 泳之游之.   취기천의, 영지유지.
何有何亡, 黽勉求之.   하유하망, 민면구지.
凡民有喪, 匍匐求之.   범민유상, 포복구지.

이 여인은 그동안 자신이 집안 살림을 어떻게 해 왔는지 말합니다. 집안의 큰일이든, 작은 일이든, 사리에 맞게 적절히 대처해 왔으며, 집안 구석구석을 살펴 불편함이 없도록 살림을 잘해 왔습니다. 또한 이웃과의 관계도 칭송받을 만큼 정성껏 도우는 등 최선을 다해 왔다고 자부하고 있습니다. 그럼에도 불구하고 남편은 그 고마움을 모릅니다. 야속합니다.

5 해녀처럼 물속을 들어갔다 나왔다하는 동작을 말하며, 한자로는 유(游)입니다.

5절입니다.

나에게 감사한 마음 갖기는커녕, 오히려 날 원수처럼 대했지요.
내 덕을 무시하고, 안 팔리는 물건 취급했지요.
지난 날 두렵고 가난할 때는, 어려움을 함께 해 왔는데.
사정이 좋아지니, 나를 독처럼 대하더군요.

不我能慉, 反以我爲讐.　　불아능흑, 반이아위수.
旣阻我德, 賈用不售.　　기조아덕, 고용불수.
昔育恐育鞠, 及以顚覆.　　석육공육국, 급이전복.
旣生旣育, 比予于毒.　　기생기육, 비여우독.

흑(慉)은 '일으켜 세우다', '치켜세우다'라는 뜻으로 '마음에 감사함을 품다'로 해석합니다. 수(讐)는 '원수'로 '당사자 간 말이 화합되지 못하고 서로 밀어내는 사이'라는 뜻입니다. 새겨둘 만한 뜻이지요. 조(阻)는 '하찮게 여기다', '무시하다'라는 뜻이며, 고용불수(賈用不售)는 '팔리지 않는 판매용 물건'이란 뜻입니다. 남편이 자신을 그렇게 취급했다는 비유인 것이지요. 생(生)과 육(育)은 이전 표현인 공(두려움, 恐)과 국(가난, 鞠)에 대비해 '가난에서 벗어나 살만한 상황'으로 읽어야 하며, 전복(顚覆)은 산 정상이 뒤집혀 무너지는 상황이니 '온갖 고난'을 의미합니다.

가정을 위해 헌신한 여인의 고마움도 모르고 오히려 마음이 바뀐 남편은 이제 새 여자까지 들였습니다. 사정이 좀 나아지니 한 눈을 파는 것이지요. 화가 나는 그녀입니다.

마지막 절입니다.

내가 맛있는 채소를 준비해 둔 것은, 겨울을 대비해서였죠.
새 여자 들어와 즐거워하는 것을 보니, 나를 이용해 곤궁함을
면하려 했구려.
내게 불같이 화를 내고, 날 속이며 힘들게 했네.
이젠 옛 일을 잊었나요, 내가 처음 시집와서 편안했던 때를.

我有旨蓄, 亦以御冬.　　　아육지축, 역이어동.

宴爾新婚, 伊我御窮.　　　연이신혼, 이아어궁.

有洸有潰, 旣詒我肄.　　　유광유궤, 기이아이.

不念昔者, 伊余來墍.　　　불념석자, 이여래기.

지(旨)는 '맛있는 음식'이며, 축(蓄)은 보관하여 먹을 수 있는 채소,
즉 '말린 채소'인 '겨울 푸성귀'를 말합니다. 어(御)는 '버텨내다', 어동
(御冬)은 '겨울나기'입니다. 광(洸)과 궤(潰)는 모두 '화내다', '성내다'
라는 뜻이며, 이(詒)는 '미치다', '~에 이르다', '속이다'라는 뜻과 '게
으르다(怠)'는 뜻이 있습니다. 여기서는 자신을 속이고 다른 여자를
맞이하였으니, '속이다'의 뜻으로 해석합니다. 이(肄)는 '수고롭다'라
는 뜻입니다.

겨울을 대비해 그동안 수확한 채소들을 잘 말려 보관해 두었던 것

을 생각하니 부아가 치밉니다. 고생해서 준비한 채소를 새로 들어온 여자가 먹게 생겼으니 말입니다. 여기까지 생각하니 여인은 남편에게 이용만 당했음을 실감합니다. 이용한 것 뿐 아니라 화를 내고, 속이고, 일만 시키는 등 함부로 대하여 여인이 더욱더 견딜 수 없도록 만든 것입니다. 이제 더 이상 자신의 말에 귀 기울여 주지 않는 남편을 향해 하소연하는 것으로 이 노래는 끝이 납니다.

신혼 초에는 기(跂)⁶라는 풍속에 따라 남편을 비롯한 모든 사람들의 배려를 받는 시기가 있습니다. 그때의 잘해줬던 기억을 잊었냐는 여인의 물음은 듣는 이 없는 혼자만의 절규가 되어 허공을 맴돕니다.

이 노래에서 사용한 소재들 중 가장 의미 있는 경수와 위수의 강물이 만나는 사진입니다.

왼쪽이 경수(涇水), 오른쪽이 위수(渭水)⁷

---

6 기(跂)라는 풍속은 여자가 처음 시집을 오면 3일에서 30일 동안 집안일을 시키지 않고 시댁 식구들과 편안한 관계를 맺을 수 있도록 일정기간의 적응기를 갖도록 한 것을 말합니다.
7 이 이미지는 이강국 전 중국 시안주재 한국총영사가 찍은 사진입니다.

제 7선

풋풋한 사랑의 노래

그녀가 준 들국화 한 다발.

"들국화, 네가 참으로 아름답고 특별하구나."

.

.

.

"아름다운 사람이 주었기 때문이지."

- 성 모퉁이에서, 『시경』「정녀」중에서 -

풋풋한 사랑의 노래

'정녀(靜女)'라는 시를 보겠습니다. 중·고등학교 학창 시절에 경험해 봤을 법한 풋풋한 소년, 소녀의 동화같이 맑고 순수한 사랑 이야기입니다.

1절의 첫 두 구절을 보겠습니다.

고운 아가씨 아름다워라, 성 모퉁이에서 날 기다리네.

靜女其姝, 俟我於城隅.　　　정녀기주, 사아어성우.

정(靜)이란 글자는 '고요한', '깨끗한', '조용한'이란 뜻을 가졌으며, '생김새보다 말수가 적어 단아하고 곱다'는 의미도 있습니다. 주(姝)는 '연약하고 앳된 모습'을 나타내는 글자입니다. 그 고운 아가씨는 생김새도 예쁩니다. 그래서 아름다운 소녀인 것이지요. 그 소녀가 성 모퉁이에서 소년을 기다리고 있습니다. 성 모퉁이(城隅)는 성문에서 사람이 잘 보이지 않는 은밀한 장소로, 사람 눈에 띄지 않고 숨어 기다리기에 좋은 장소입니다. 그곳에서 만나기로 약속한 것입니다.

소년은 들뜬 마음을 안고 서둘러 그곳으로 나갑니다.

1절 후반부 두 구절입니다.

어두워 보이지 않아, 머리를 긁적이며 두리번거리네.

愛而不見, 搔首踟躕.　　　애이불견, 소수지주.

사랑에 빠지면 주변이 흐릿해지기 마련입니다. 애(愛)자는 '날이 어두워져 잘 보이지 않는다'는 뜻인 애(曖)자와 동일한 뜻으로 만나기로 한 시간이 저녁 어스름 무렵임을 알 수 있습니다. 더군다나 소녀는 눈에 잘 띄지 않는 성 모퉁이에 있으니, 소년이 소녀를 한 번에 알아차리기는 어려울 것입니다. 소년은 머리를 긁적이며 주변을 두리번거립니다. 소수(搔首)는 '머리를 손톱으로 긁는 동작'을 표현합니다. 소녀를 금방 발견하지 못하고 보이지도 않으니 당황하기도, 걱정되기도 하여 머리를 긁적이는 것입니다. 긁적이며 주변을 두리번(지주, 踟躕)거리는 앳된 소년의 모습을 상상해 보십시오. 청소년 드라마에서나 볼 수 있을 법한 풋풋함이 느껴지지 않나요? 단막극 제1막은 그렇게 시작됩니다.

드디어 만났습니다.

고운 아가씨 아름다워라, 빨간 붓을 내게 주었네.
빨간 붓 빛나도록 눈부시구나, 네가 아름다워 기쁘고 즐겁구나.

靜女其變, 貽我彤管.　　　　정녀기련, 이아동관.

彤管有煒, 說懌女美.　　　　동관유위, 열역녀미.

련(變)은 1절의 주(姝)와 같이 '예쁘고 아름답다'는 뜻입니다. 다만 주(姝)가 '연약하고 여려 보여 보호 본능이 작동하는 아름다움'이라면, 련(變)은 '말을 잘 따르는 순종의 아름다움'이라는 의미를 갖습니다. 성인지 감수성이 전혀 없는 단어라고 비판받을 만한 형용사들입니다. 언어의 성차별인 것이지요. 이(貽)는 '물건을 주는 행위'를 뜻하는 동사입니다. 동관(彤管)은 '손잡이 부분을 빨간 색으로 칠한 붓'을 말하며, 당시 소녀들이 쓰던 빨간색 필기구로 지금으로 표현하면 빨간 연필입니다. 아마도 소녀가 가장 아끼는 물건 중 하나였을 것입니다. 또 필기구 중 붓은 그녀의 부모가 아주 큰마음 먹고 사주었을 법한 소중한 선물입니다. 그런 소중한 물건을 소년에게 선물로 준 것입니다. 가진 것을 아낌없이 주는 것이 사랑이니까요.

소중한 선물을 받은 소년의 반응입니다. 선물을 주는 사람도, 선물을 받는 사람도, 모두 부끄럽기는 마찬가지입니다. 얼굴은 이미 붓 색깔처럼 빨갛게 물들었습니다. 소년이 건네받은 빨간 붓에 시선을 고정한 채 말합니다. 소녀의 얼굴을 쳐다볼 용기는 없기 때문입니다.

"이 빨간 붓 참으로 색깔이 곱고 아름답구나.", "네 아름다움이 정말 마음에 들어 기쁘구나." 물론 선물에 대한 아름다움을 칭찬하고 있지만 본심은 상대방인 소녀의 아름다움을 칭찬하고 있는 것입니다. 그런 소년의 마음을 소녀는 알고 있습니다. 아직 대놓고 본심을 표현할 용기를 내지 못하고 있다는 것을요. 그러나 마지막 3절을 보면 간

신히 용기 내어 표현하는 소년의 속마음을 엿볼 수 있습니다.

마지막 3절입니다.

들판에서 삘기를 가져다주었네, 참으로 아름답고 특별하구나.
네가 예뻐서가 아니라, 아름다운 사람이 주었기 때문이지.

自牧歸荑, 洵美且異.　　자목귀제, 순미차이.
匪女之爲美, 美人之貽.　　비녀지위미, 미인지이.

소녀는 소년을 만나러 오는 길에 들판에서 여린 삘기를 뽑아 한 다
발 가져왔습니다. 현대적으로 표현하면 들국화 한 다발을 꺾어온 것
입니다. 삘기(제, 荑)는 초봄에 새순이 올라오며, 두어 달이 지나면 꽃
이 피고 억세져서, 여러 가닥을 묶어 끈으로 사용합니다. 또 더 자라
기 전에 여린 새순을 한 움큼 뽑아 입에 넣고 잘근잘근 씹으면 달콤한
단물이 나옵니다. 지금이야 많은 당분을 섭취하는 것이 문제지만, 몇
십 년 전 삘기의 추억을 간직한 사람들은 그 달콤한 맛을 잊지 못할 것
입니다. 그런 추억을 떠올리게 하는 3,000년 전의 노래가 있다는 것은
선물 같은 일이기도 하며, 3,000년의 시간을 두고 소년, 소녀 시절의
동일한 경험을 공유한다는 것은 큰 즐거움 중의 하나일 것입니다.

소녀는 소년에게 삘기를 한 움큼 건넵니다. 자신이 가장 아끼는 필
기구를 선물한 데 이어서 말입니다. 삘기는 달콤한 맛을 상징하는 선
물입니다. 상대방과의 달콤한 추억을 만드는 소재인 것이지요. 그런

삘기를 받은 소년의 반응입니다.

"삘기가 참으로 예쁘고 특별하구나." 이렇게 말하고 나니 어쩐지 어색합니다. 들에서 뽑아 온 삘기 한 움큼은 아까 선물 받은 빨간 붓에 비하면 예쁘거나 특별하지는 않습니다. 본심은 삘기에 대한 것이 아님을 알지만 소녀를 바라보며, 소녀에 대해 예쁘고 특별하다는 칭찬을 할 만한 용기가 나지 않는 것입니다.

순간 소년은 용기를 냅니다. 이어지는 소년의 독백 같은 반응입니다. 그의 시선은 아직 삘기에 머물러 있습니다.

"삘기 네가 아름다운 것이 아니라, 아름다운 소녀가 그 삘기를 주었기 때문이야." 용기 내어 소녀에게 자신의 진심을 말하고 나니 소년의 얼굴이 빨간 붓처럼 붉어집니다.

이 노래는 세 가지의 특징을 갖고 있습니다.

첫 번째는 필기구와 삘기라는 소재에서 드러나는 '사랑의 풋풋함과 달콤함'입니다. 선물의 대상이 지금도 있을 법한 것들이기 때문입니다. 연필 한 자루, 들꽃 한 움큼 같은 소소하지만 두 사람 사이에는 아주 귀하고 소중한 것들입니다. 어린 소녀, 소년의 마음이 담긴 사랑의 선물이기 때문이지요.

두 번째는 아낌없이 주는 '아가페적인 사랑'입니다. 당시의 빨간 붓은 소중하고 귀하며, 값진 물건이었습니다. 가장 아끼는 것을 선뜻 주는, 아니 주고 싶은 마음이 드는, 오히려 받아주기를 간절히 바라는 마음뿐인 아가페적인 사랑인 것입니다.

마지막으로 초봄의 향기가 물씬 풍기는 '아름다운 광경'입니다. 이 노래의 배경 계절은 삘기의 여린 싹이 올라오는 초봄에서 봄의 기운이 깊어가는 시기로 따뜻한 훈풍이 불어오는 계절입니다. 따스한 바람처럼 소년, 소녀의 마음에 사랑의 훈풍이 불어오는 시절인 것이지요. 누구나 이런 풋풋한 사랑의 훈풍을 경험하던 시절이 있지 않았을까요?

이 노래에 등장하는 성 모퉁이, 저녁 어스름 무렵, 두리번거리는 소년, 아끼는 필기구를 선물하는 소녀, 그리고 뽑아온 삘기를 한 움큼 선물하고 부끄러워하는 소녀와 그것을 받아든 소년의 빨개진 얼굴 등이 노래의 소재입니다. 청소년 드라마의 단막극은 이런 소재로 시작하여 달콤하게 끝납니다. 보는 이로 하여금 학창 시절을 떠올리게 하는 노래가 바로 '정녀'인 것입니다.

제 8 선

뽕나무밭 가운데서?
젊은 남녀들의 합창

(선창자) 당초는 어디에서 캐나요? (합창) 매성의 교외이지요.

(한 사람을 지목하며) 누구를 생각하나요?
(대답) 아름다운 강씨네 맏딸이지요.

(합창)
나와 상중에서 만나기로 약속했네.
상궁에서 나와 함께 했네.
기수 위쪽에서 날 바래다주었네.

- 젊음의 합창, 『시경』 「상중」 중에서 -

뽕나무밭 가운데서? 젊은 남녀들의 합창

다음 노래는 '상중(桑中)'이라는 시입니다. '뽕밭에서'라는 제목이지요. 제목만 봐서는 어딘가 삼류 소설 같은 느낌이 들지 않나요? 그렇습니다. 이 노래의 내용이 남녀 간의 사랑을 주제로 한 것이기에 제목으로만 유추하면 삼류 소설처럼 느껴질 수도 있습니다. 하지만 노래를 자세히 들여다보면, 다른 노래들과는 다른 구성상 특성을 발견할 수 있습니다. 우선 상중(桑中)은 '뽕나무밭에서'라는 뜻이 아니고 중국 주(周)나라 시대의 '지명(地名)'을 말합니다.

이 노래가 수집된 지역은 용(鄘)나라입니다. 주나라 무왕(武王)은 기원전 11세기, 상(商)나라의 마지막 왕인 주왕(紂王)을 정복하고 새로운 나라를 세웁니다. 무왕은 예전 상 왕조의 수도였던 은허(殷墟)[1] 일대를 다스리기 위해 삼감(三監)을 설치합니다. 이 지역을 3군데로 나누어 북쪽 지역에는 패(邶)나라를, 동쪽 지역에는 위(衛)나라를, 남쪽 지역에는 용(鄘)나라를 세웠습니다. 후에 이 지역 일대가 위(衛)나라로 이어져 왔으니, 사실상 이 세 지역은 위나라의 일부 지역인 것입니다. 따라서 이 노래에 등장하는 상중(桑中), 상궁(上宮), 기수(淇水)는

---

[1] 은허는 지금의 중국 허난성(河南省) 안양현(安陽縣)에 있는 고대 상(商) 나라 수도입니다.

모두 위나라에 속하는 지역의 이름으로 보아야 합니다.

이 노래의 가장 큰 특징은 집단적 노래라는 것입니다. 여러 젊은이들이 한데 어우러져 합창하는 노래인 것이지요. 또 그냥 합창하는 것이 아닌, 현대판 '사랑의 진실 게임' 같은 놀이로서의 합창입니다. 진실 게임의 주관자가 선창하면 이에 부응하는 합창이 뒤따르고, 주관자가 특정인을 지목하여 질문하면, 이에 화답하는 방식입니다. 그렇게 지목된 자가 화답하면 참가자 모두가 합창하는 후렴부가 뒤따릅니다. 철저한 게임 방식으로 이루어진 특이한 사랑의 합창인 것입니다. 그럼 지금부터 이 노래를 분석해 보겠습니다.

진실 게임의 도입부입니다.

당초는 어디에서 캐나요? 매성의 교외이지요.

爰采唐矣, 沫之鄉矣.　　　원채당의, 매지향의.

원(爰)은 '자~', '그럼~', '이제~' 등 말을 시작하기 위해 운을 띄우는 발어사입니다. 당(唐)은 당채(唐菜)로 '몽채(蒙菜)', 즉 '새삼덩굴(兎絲)'[2]을 말합니다. 매(沫)는 '위나라의 지명'이며, 향(鄉)은 성곽 밖의 '시골 지역'입니다.

---

2 새삼덩굴(兎絲)은 칡덩굴이나 풀 등에 붙어서 자라는 노란 실 같은 기생식물입니다. 그 씨는 토사자(兎絲子)라 하며, 토끼가 이를 먹고 부러진 허리를 고쳤다하여 강장제로도 알려져 있습니다.

진실 게임 같은 합창의 도입부로 본격적인 게임이 시작되기 전, 참가자 모두 주관자의 리드에 맞춰 흥을 돋우는 부분입니다. 주관자가 참가자를 향해 '자~, 당채는 어디서 캐나요?'라고 선창하면, 선창에 부응하여 참가자들은 큰 목소리로 '매성의 교외이지요~'라고 합창합니다. 이렇게 본격적인 놀이가 시작됩니다.

이어서 주관자는 참가자 중 한 명을 지목하여 질문합니다.

(당신은 지금) 누구를 생각하나요? 아름다운 강씨네 맏딸이지요.

云誰之思, 美孟姜矣.　　　　　운수지사, 미맹강의.

운(云)은 어조사, 수(誰)는 '누구'를 뜻하는 의문사입니다. 사(思)는 '생각하다'이지만 '마음에 두고 있다', '좋아하다'라는 뜻으로 읽어야 합니다. 맹(孟)은 '맏', '첫째', 강(姜)은 '강씨 집안 사람'을 말합니다.

이 놀이의 핵심은 바로 이 부분입니다. 주관자가 특정인을 지목해 그 사람의 진심을 밖으로 드러내게 하는 놀이인 것입니다. 평상시에는 감히 속마음을 털어 놓을 수 없지만, 여러 사람들이 함께 모인 자리에서 자신이 마음에 두고 있는 사람을 공개적으로 발설하여 사랑을 구하는 행위라고도 할 수 있습니다. 이 놀이에 젊은 남자들만 참여하였는지, 아니면 그 동네 젊은 여자들도 함께 참여하였는지는 모르지만 진실 게임처럼 좋아하는 상대방에게 공개적으로 고백하는 아주 즐겁고도 발랄한 기회였을 것입니다.

이 놀이의 후반부입니다. 모두 함께 합창하는 후렴부인 것이지요.

나와 상중에서 만나기로 약속했네.
상궁에서 나와 함께 했네.
기수 위쪽에서 날 바래다주었네.

期我乎桑中.　　　　　기아호상중.
要我乎上宮.　　　　　요아호상궁.
送我乎淇之上矣.　　　송아호기지상의.

기(期)는 '사전에 만날 장소와 시간을 정하고 기다리다'라는 뜻입니다. 호(乎)는 '～에서'라는 장소를 나타내는 전치사이고, 상중(桑中)은 당연히 '지명'을 나타내는 단어입니다. 요(要)는 '바라고 원하는 것을 얻다'라는 뜻이며, 송(送)은 '등불을 비추어 가는 길을 안내하다'라는 뜻입니다.

상중에서 미리 기다리고 있다가, 상궁에서 함께 시간을 보내고, 늦은 시각 기수의 북쪽에서 나를 바래다 준 것입니다. 특히, 요(要)의 뜻이 오묘합니다. 그녀가 나를 '취하다', '얻다'의 뜻으로 사용한 것은 자신의 의지보다 상대방이 더 적극적임을 암시하는 것입니다. 은근히 자신이 그만큼 멋진 남자라는 것을 뽐내는 화답인 것이지요. 실제 그런 것이 아니고 그러기를 바라는 희망 섞인 일이기에 화답하는 사람은 한껏 자기 자신을 과장하는 것입니다.

또한 이 부분은 후렴부로 참가자 모두 마치 자기 일인 것처럼 힘주어 함께 부르는 부분입니다. 생각만 해도 자기 자신이 이 노래의 주인공이 된 것 같지 않겠습니까?

이 노래를 구조적으로 다시 분석해 보겠습니다.

① 도입부

爰采唐矣, 沫之鄉矣.
(선창)당초는 어디에서 캐나요? (합창)매성의 교외이지요.

② 질문, 대답부

云誰之思, 美孟姜矣.
(질문)누구를 생각하나요? (대답)아름다운 강씨네 맏딸이지요.

③ 후렴부(다 함께 합창)

期我乎桑中.   나와 상중에서 만나기로 약속했네.
要我乎上宮.   상궁에서 나와 함께 했네.
送我乎淇之上矣.   기수 위쪽에서 날 바래다주었네.

이처럼 이 노래는 질문과 화답, 그리고 합창이라는 교묘한 구성을 갖춘 특이하고도 발랄한 청춘의 노래인 것입니다.

나머지 구절 모두 1절과 동일한 형식의 반복입니다.

두 번째 절입니다.

보리 새싹은 어디에서 캐나요? 매성의 북쪽이지요.

누구를 생각하나요? 아름다운 익씨네 맏딸이지요.

나와 상중에서 만나기로 약속했네.

상궁에서 나와 함께 했네.

기수 위쪽에서 날 바래다주었네.

爰采麥矣, 沬之北矣.　　　원채맥의, 매지북의.

云誰之思, 美孟弋矣.　　　운수지사, 미맹익의.

期我乎桑中.　　　　　　　기아호상중.

要我乎上宮.　　　　　　　요아호상궁.

送我乎淇之上矣.　　　　　송아호기지상의.

세 번째 절입니다.

순무는 어디에서 캐나요? 매성의 동쪽이지요.

누구를 생각하나요? 아름다운 용씨네 맏딸이지요.

나와 상중에서 만나기로 약속했네.

상궁에서 나와 함께 했네.

기수 위쪽에서 날 바래다주었네.

爰采葑矣, 沫之東矣.	원채봉의, 매지동의.
云誰之思, 美孟庸矣.	운수지사, 미맹용의.
期我乎桑中.	기아호상중.
要我乎上宮.	요아호상궁.
送我乎淇之上矣.	송아호기지상의.

다만 도입부에서 채취 대상이 '보리 싹(麥)'과 '순무(葑)'로 바뀌고, 좋아하는 대상에 대한 답변이 '익(弋)씨네 맏딸'과 '용(庸)씨네 맏딸'로 바뀔 뿐입니다. 지목한 대상이 다르니 당연히 좋아하는 대상도 바뀌는 것입니다. 한 가지 덧붙일 것은 도입부에 등장하는 당채, 보리 새싹, 순무 모두 혈관을 맑게 해주는 것으로 강장 기능을 한다고 알려 졌고, 믿어져 왔던 채소나 식물이라는 사실입니다. 등장하는 소재와 그런 연관성을 이해하면서 노래를 감상하는 것도 시경을 읽는 또 다 른 묘미일 것입니다.

귀향(歸鄕)

귀향이라는 단어는
우리들에게 쓸쓸함을 느끼게 합니다.

우리가 태어난 곳으로 돌아감은
인생의 끝을 말하기도 합니다.

누구에게든 반드시 맞이하여야 할 인생의 종점인 죽음을
자연스럽게 받아들이는 철학적 사유가 필요한 이유입니다.

제 9 선

죽을 때까지 함께하자던 말,

그 말이 더 날 화나게 해

아아, 여자들아!
남자들과 놀아나지 마라.

남자들이 놀아나면, 오히려 할 말 있지만.
여자들이 놀아나면, 변명할 말 없는 것을.

- 넋두리, 『시경』「맹」 중에서 -

죽을 때까지 함께하자던 말,
그 말이 더 날 화나게 해

　다음 노래는 남자로 인한 여인의 불행을 읊은 '맹(氓)'이라는 시입니다. 앞에서 본 곡풍(谷風)과 같은 분위기의 노래로, 곡풍이 남편과 헤어져 길을 떠나면서도 남편에 대한 애정을 나타내고 있는 반면, 이 노래는 한 많은 여자의 일생을 노래하고 있습니다. 일종의 고백록 또는 서사시인 것이지요. 자신의 감정을 자연이나 사물에 빗대어 노래한 다른 시와는 달리, 시간의 흐름에 따라 자신의 일생을 되돌아보는 방식의 긴 서사시입니다. 남자를 만나 기다리고, 결혼하여 어려운 살림을 살아가다가, 결국은 불성실한 남편으로 인해 헤어져 본가로 돌아오는 일생을 독백처럼 그려내고 있습니다.

　제1절 전반부입니다.

남자를 만나게 된 과정을 노래하고 있습니다.

　　외간 남자 실실 웃으며, 베를 안고 실을 사러 다녔죠.
　　실을 사러 온 것이 아니라, 나를 꾀러 왔던 거죠.

氓之蚩蚩, 抱布貿絲.　　맹지치치, 포포무사.

匪來貿絲, 來即我謀.　　비래무사, 래즉아모.

　정상적인 만남이 아니었습니다. 보통 중매쟁이를 통해 결혼할 남자를 만나게 되지만, 이 여인은 시작부터 근본도 알 수 없는 외간 남자를 만나게 된 것입니다. 남자의 꼬임에 빠진 것이지요.

　어느 날 성과 이름도, 어디 사는지도 모르는 외간 남자가 여인이 사는 마을에 들어왔습니다. 그 남자는 가슴에 베(포, 布)를 한 아름 품고 명주실(사, 絲)과 바꾸러 이 집, 저 집 돌아다녔습니다. 삼베는 명주실에 비해 저렴하기 때문에 값비싼 명주실과 바꾸려면 많은 양의 삼베가 필요하였을 것입니다. 하지만 남자의 목적은 명주실이 아니었습니다. 결혼할 여자를 구하는 것이 진짜 목적이었던 것이지요. 그래서 여인이 사는 마을까지 와서 바보처럼 실실 웃어가며 여자들에게 접근한 것입니다. 이 여인의 눈에는 바보처럼 실실 웃는 그 외간 남자가 좋아 보인 것입니다. 외간 남자의 꼬임에 넘어간 것이지요.

　맹(氓)은 '백성'이란 뜻이지만 여기선 '이름도, 성도, 어디 사는 지도 알 수 없는 외지 남자, 외간 남자'를 뜻하며, '떠돌이'란 뜻도 함께 갖고 있습니다. 치치(蚩蚩)는 '바보같이 실실 웃고 있는 모습'을 나타내는 의태어입니다.

　1절 전반부에서 후반부로 넘어가는 과정을 보면 이 여인이 남자의 꼬임에 넘어갔음을 생략하고 있습니다.

1절 후반부를 보면 그 사실을 알 수 있습니다.

기수 건너 돈구(頓丘)까지 당신을 배웅했죠.
내가 결혼 기일 어긴 게 아니고, 당신이 중매쟁이 마련 못해
그런 거죠.
당신 제발 화내지 마세요, 가을에 결혼 기일 잡으면 되니까요.

送子涉淇, 至于頓丘.	송자섭기, 지우돈구.
匪我愆期, 子無良媒.	비아건기, 자무량매.
將子無怒, 秋以爲期.	장자무노, 추이위기.

후반부는 두 사람이 결혼 기일을 잡는 문제에 대해 이야기하고 있
습니다. 또 남자를 부르는 호칭도 외간 남자(氓)에서 당신(子)으로 바
뀌었습니다. 결혼식도 올리기 전에 이미 하룻밤을 보낸 것이지요. 남
자는 분명 그날 밤 여인에게 약속했을 겁니다. 곧 돌아와서 중매쟁이
를 통해 정식으로 결혼식을 올리겠다고 말입니다. 여인은 그 약속을
믿고 남자를 돈구(頓丘)까지 바래다 준 것입니다. 하지만 약속한 날,
그 남자는 오지 않았습니다. 약속을 어긴 것입니다. 돈구까지 바래다
준 시점과 다시 온다고 약속한 시점, 그리고 마지막 구절 가을이라
는 시점 간에는 상당한 시간의 흐름이 있었다는 것을 짐작할 수 있
습니다.

약속을 어긴 사람은 남자인데, 왜 그가 화를 내고 있을까요? 아마
도 남자는 이 여인에게 둘이 좋으면 그만이지 절차가 무엇이 중요하

냐며, 어서 빨리 집으로 와서 살자고 채근하였을 것입니다. 그렇게 자신의 집으로 돌아간 남자는 돌아오지 않고, 사람을 보내 빨리 오라는 말만 전했을 것이고요. 하지만 여인은 절차를 거쳐 정식으로 혼례를 올리자고 말하며 가지 않았습니다. 그래서 자신의 뜻에 따르지 않는 여인에게 화가 나 있는 것입니다. 여인은 그런 남자에게 제발 화내지 말라고 사정하며, 가을에 제대로 혼례를 갖추자고 말합니다.

그렇게 여인은 가을까지 기다리고 있습니다. 그러나 남자는 가을이 되어도 오지 않았고, 전갈조차 보내지 않았습니다.

돈구(頓丘)는 위(衛)나라의 지명입니다. 건(愆)은 '약속을 어기다', '위반하다'라는 뜻이며, 매(媒)는 '중매쟁이'입니다. 장(將)은 여러 가지 뜻이 있지만, 여기서는 '원컨대', '바라건대', '제발'의 뜻으로 사용되었습니다.

2절입니다. 남자를 기다리다 다시 만나, 그 남자의 집으로 들어가는 과정을 노래합니다.

> 허물어진 담에 올라, 복관 쪽 바라보았지만.
> 당신 모습 보이질 않아, 눈물 뚝뚝 흘렸는데.
> 복관에 당신모습 보여, 웃음 가득 띠며 말했죠.
> 당신 점을 쳐봤더니, 허물된 것 없다하니.
> 당신 수레 가져와서, 예물 싣고 함께 가자했죠.

乘彼垝垣, 以望復關.　　승피궤원, 이망복관.

不見復關, 泣涕漣漣.　　불견복관, 읍체연연.

旣見復關, 載笑載言.　　기견복관, 재소재언.

爾卜爾筮, 體無咎言.　　이복이서, 체무구언.

以爾車來, 以我賄遷.　　이이차래, 이아회천.

이 여인은 처음, 남자의 꼬임에 빠져 사랑의 인연을 맺었습니다. 그러나 제대로 된 절차를 거쳐 결혼하고 싶었지요. 하지만 곧 온다던 남자는 가을까지도 나타나지 않았습니다. 기다리다 지친 여인은 이제 제대로 된 결혼식까지는 바라지도 않습니다. 그저 자신의 앞에 나타나 자신을 데려가기 바랄 뿐입니다. 그래서 날마다 허물어진 성곽에 올라 남자가 떠난 복관 쪽을 바라보는 것입니다. 남자가 다시 돌아온다면, 그 복관 쪽 문을 통해 들어오기 때문입니다. 그러나 기다리고 또 기다려도 약속한 남자는 오지 않습니다. 오지 않을 것 같은 마음에 눈물이 앞을 가려 흐릅니다.

그가 복관 쪽 문에서 모습을 드러냅니다. 여인의 얼굴에 화색과 웃음기가 가득 돕니다. 여인이 남자에게 말합니다.

"제가 당신 점을 쳐 보았어요. 그랬더니 우리 사이에 아무런 허물이 없다는 점괘가 나왔어요. 점괘가 좋게 나왔으니 어서 수레를 가져와 혼수와 예물을 싣고 나와 함께 당신 집으로 돌아가요."

여인은 정식 절차를 거쳐 혼례를 치루고 싶은 마음이 간절하였지만, 오랫동안 나타나지 않던 남자의 마음이 변했을까봐 이제는 두려운 겁니다. 그래서 점괘 이야기까지 꺼내며 어서 자신을 데려가라고

종용하는 데까지 이른 것이지요. 물론 여인의 집에서는 반대가 심했을 것입니다. 하지만 사랑에 빠진 걸 어떡하나요. 자신을 버릴까봐 더 노심초사인 것을 어찌합니까? 남녀 간의 사랑으로 짝이 이루어지는 초기에는 모두의 눈에 콩깍지가 쓰이는 것을!

궤(塏)는 '무너지다', '허물어지다'라는 동사이며, 원(垣)은 '담' 또는 '성벽'이고, 복관(復關)은 '위(衛)나라 지명'입니다. 연연(漣漣)은 '(눈물 등이) 볼을 타고 주르르 흘러내리는 모양'을 나타냅니다. 이(以)는 '~와 함께'라는 뜻으로 영어의 'With'로 이해하면 쉽습니다. 이(爾)는 소유격 '너의'라는 뜻이며, 영어의 'your'입니다. 회(賄)는 '재물', '뇌물'을 뜻하는 한자이지만 여기서는 '혼수품'이라는 뜻으로 사용되었습니다.

이어서 3절을 보겠습니다.

뽕나무 잎 떨어지기 전엔, 그 잎 싱싱하고 윤기 나네.
아아, 비둘기야! 뽕나무 열매 먹지마라.
아아, 여자들아! 남자들과 놀아나지 마라.
남자들이 놀아나면, 되려 할 말 있지마는.
여자들이 놀아나면, 변명할 말 없는 것을.

桑之未落, 其葉沃若.	상지미락, 기엽옥약.
于嗟鳩兮, 無食桑葚.	우차구혜, 무식상심.
于嗟女兮, 無與士耽.	우차여혜, 무여사탐.

士之耽兮, 猶可說也.   사지탐혜, 유가설야.
女之耽兮, 不可說也.   여지탐혜, 불가설야.

3절 전반부는 자기 자신에 대한 여인의 탄식입니다.

뽕나무 잎은 떨어지기 전에 푸르고, 싱싱하며, 기름져 윤기가 흐릅니다. 윤기 흐르는 뽕나무 잎은 남자를 만나기 전 여인의 모습을 상징하고 있습니다. 남자를 알고, 남자를 따라가시 오랫동안 고생하기 전의 젊고, 건강하고, 아름답던 상태를 말하는 것입니다.

그러나 이미 남자와 사귀게 되었습니다. 그 남자가 바로 비둘기입니다. 비둘기는 겉보기에 멋져보여도 하는 짓은 멍청한 그 남자를 상징하고 있습니다. 비둘기 같이 멍청한 남자가 싱싱한 뽕나무 열매를 따먹은 것이지요. 그래서 자신에게 벌어진 일을 후회하며 탄식하고 있는 것입니다.

옥(沃)은 '기름지다', '비옥하다', '윤기 흐르다'라는 말이고, 차(嗟)는 감탄사입니다. 구(鳩)는 비둘기로 '게으르고 멍청한 남자'를 뜻하기도 하며, 상심(桑葚)은 뽕나무열매, '오디'입니다.

3절 후반부는 여인의 넋두리입니다. 자신이 경험한 바보 같은 일에 대한 탄식이 많은 여자들에게로 향하는 것이지요.

여인은 많은 여자들에게 사내들과 놀아나지 말라고 말합니다. 남자들과 달리 여자들이 한 번 놀아나면, 변명하거나 아무런 할 말 없이 모든 책임이 여자에게 돌아온다는 말을 하고 있는 것입니다. 자신의 처지에 대한 한탄이 다른 여자들에 대한 경계로 이어지는 것은, 꼭 그러기를 바라서가 아니고 자신의 처지가 답답하여 그냥 해보는 넋두리에 불과한 것입니다.

여(與)는 '더불어', '함께', '따라'의 뜻이며, 탐(耽)은 '욕심을 누르지 못하고 즐거움에 빠지는 것'을 말합니다. 설(說)은 '해명', '변명'을 뜻합니다.

4절부터 6절은 여인이 남자의 집에 살며, 3년간 겪은 고생을 회고하는 내용입니다. 처음 알게 되었을 때와는 판이하게 달라진 남자의 변심과 무신경, 집안 살림을 하면서 겪은 고초, 자신의 고생을 알아주지 못하는 남자에 대한 원망과 분노, 그리고 결국 그런 회한도 다 부질없다는 자포자기 상태로 끝을 맺습니다.

4절입니다.

> 뽕나무 잎 떨어질 땐, 누렇게 시들어 떨어지지.
> 나 그대에게 온 후, 삼 년 동안 가난에 시달렸네.
> 기수는 넘실대어, 수레 휘장 다 적시드니.
> 나는 잘못 없지마는, 사내 딴짓 계속되네.
> 사내 욕심 끝없으니, 변덕 또한 셀 수 없네.

桑之落矣, 其黃而隕.	상지락의, 기황이운.
自我徂爾, 三歲食貧.	자아조이, 삼세식빈.
淇水湯湯, 漸車帷裳.	기수상상, 점거유상.
女也不爽, 士貳其行.	여야불상, 사이기행.
士也罔極, 二三其德.	사야망극, 이삼기덕.

뽕나무 잎은 시들어 떨어질 때, 누렇게 색이 변하며, 말라비틀어진 채로 지고 맙니다. 윤기 나던 청춘도 시간이 지나면 사라져 버리는 것입니다. 시집온 지 3년 밖에 지나지 않았지만, 여인 또한 시든 뽕나무 잎과 다르지 않습니다. 청춘이 시들어 버린 것이지요. 고생한 까닭입니다. 남자의 집으로 함께 수레를 타고 왔을 때는 뽕나무 잎이 파랗던 초여름이었습니다. 우기가 시작되던 때라 기수의 강물도 불어, 넘실대는 물살에 수레 휘장이 다 젖었습니다. 무언가 불길하다 느꼈지만, 실제 3년을 살아보니 고생의 전조였던 것입니다.

고생의 원인은 여인 때문이 아닙니다. 여인은 잘못이 없습니다. 사내의 딴짓 때문인 것이지요. 처음 여인에게 보여주었던 행실이 아니었던 것입니다. 약간은 바보스럽지만 착하다고 생각했는데, 그게 아니었던 것이지요. 욕심이 끝도 없어서 변덕을 수도 없이 부리는 못된 사내였던 겁니다. 사람의 덕성은 하나여야 하지만, 시시때때로 변하는 성격을 가진 형편없는 사내였던 것입니다.

여기서 한 가지 재미있는 관찰거리가 있습니다. 여인이 상대방 남자를 바라보는 시각의 변화입니다. 1절에서는 외간 남자(맹, 氓)였다가, 2절에서 당신(자, 子)으로 바뀌더니, 4절에서는 드디어 사내(사, 士)로 변합니다. 이 노래 속, 남자의 변덕이 심하게 나타나는 것처럼 남자를 바라보는 여인의 시각 또한 애정의 강도에 따라 변하는 것을 알 수 있습니다. 무관심에서 사랑으로, 사랑에서 증오로 바뀌는 남녀 간의 감정 변화는 시간이라는 변수가 만드는 것인지, 아니면 남자의 덕성에서 비롯되는 것인지, 정답을 알 수 없는 영원한 수수께끼 같은 것일지도 모릅니다. 하지만 이 노래에서는 분명 남자 때문입니다. 정확히 말하면 남자의 못된 행실 때문인 것이지요. 다음 절에서는 그로 인한 여인의 고달픈 3년이 어떤 것이었는지 드러납니다.

5절입니다.

> 3년간 아내 되어, 집안일 모두 내 일.
> 새벽 일찍 일어나 밤늦도록, 아침저녁 구분 없이.
> 같이 살자는 말 따른 후, 난폭하게 변했네.
> 내 형제들 이런 줄 알지 못해, 나를 조롱하며 비웃네.
> 조용히 생각하니, 홀로 마음 아파오네.

三歲爲婦, 靡室勞矣.	삼세위부, 미실노의.
夙興夜寐, 靡有朝矣.	숙흥야매, 미유조의.
言旣遂矣, 至于暴矣.	언기수의, 지우포의.
兄弟不知, 咥其笑矣.	형제부지, 질기소의.
靜言思之, 躬自悼矣.	정언사지, 궁자도의.

남자를 따라 이곳에 온 지 3년이 지났습니다. 정확히 3년을 지칭한다기보다는 오랜 세월이 지났다는 말입니다. 이곳에 온 후로 집안의 온갖 힘든 일은 모두 여인의 몫이었습니다. 아침 일찍(숙, 夙) 일어나(흥, 興) 늦은 저녁이 되어서야 잠을 잘(매, 寐) 수 있었습니다. 또 여인에겐 일을 하느라 아침은 물론 저녁도 없었습니다. 밤낮없이 일만 하였던 것입니다. 그런 여인을 더욱 힘들게 하는 것은 같이 살기 시작한 이후 난폭하게 돌변하여 자신을 대하는 남자입니다.

그런 사정을 떠나온 고향 집 형제들은 알 턱이 없습니다. 하지만 들려오는 풍문에 고생한다는 이야기를 들은 형제들은 여인을 조롱하고 (질, 咥) 비웃습니다(소, 笑). 그도 그럴 것이 당초 집을 떠날 때, 정식 혼례 절차도 없이 외간 남자를 따라나선 여인을 기억하고 있는 형제들이니까요. 아마 고생해도 당연하다며, 비웃고 있을 무정한 가족들입니다. 이런 생각까지 들자 마음 둘 데가 없는 여인입니다. 남편에게도, 형제들에게도, 어디 마음 둘 데가 없어진 것이지요. 조용히 이런 상황을 생각하니 더욱더 혼자인 것 같아 애달프기 그지없습니다.

마지막 6절입니다.

> 함께 늙도록 살자던 말, 그 말 나를 원망케 해.
> 기수도 언덕 있고, 진펄도 물가 있거늘.
> 젊은 시절 즐거울 땐, 부드러운 말과 미소.
> 굳은 맹세 하였더니, 이렇게 어길 줄은 생각도 못했네.
> 어길 줄 몰랐네, 이제 이걸 어쩌하랴!

及爾偕老, 老使我怨.　　급이해로, 노사아원.

淇則有岸, 濕則有泮.　　기즉유안, 습즉유반.

總角之宴, 言笑晏晏.　　총각지연, 언소안안.

信誓旦旦, 不思其反.　　신서단단, 불사기반.

反是不思, 亦已焉哉.　　반시불사, 역이언재

　　남자는 여인에게 죽을 때까지 함께 살 것을 약속하고 맹세했습니다. 지금 생각하니 그 말이 더욱 여인을 화나게 합니다. 남자의 변심과 변덕이 더 원망스럽기 때문입니다. 해로(偕老)는 '함께 늙는다'는 말이니 변치 않고 죽을 때까지 함께 살겠다는 맹세를 뜻합니다. 그렇게 즐겁고, 맑은 음성으로 약속했던 남자가 3년도 지나지 않아 변심한 것이니, 노(老)자만 생각해도 화가 나고 원망스러운 것입니다. 함께 늙는 건 고사하고 약속한지 3년도 채 지나지 않았기 때문입니다.

　　강물도 언덕(안, 岸)이라는 한계를 가지고 있고, 진펄도 물가(반, 泮)라는 경계를 가지고 있는 것처럼, 사물도 구분이 정해져 있습니다. 어디까지가 강이고 진펄인지, 경계가 구분되어 있는 것이지요. 하물며 인간으로서 최소한의 법도도 지키지 못하는 남자인 것입니다. 총각 때는 여인을 즐겁게 해주기 위한 말과 부드러운 언어, 그리고 부드러운 미소까지 머금으면서 맹세하였지만, 맹세와 반대로 약속을 저버린 것입니다. 여인은 남자가 그럴 것이라고 생각도 못했지만, 이제는 어찌해도 소용없는 일이 되어 버렸습니다. 집안의 온갖 궂은일을 쉴 없이 하는 여인에게 마음이 떠난 것은 물론이고, 폭력까지 행사하는 지경이 된 것입니다. 이렇게 여인의 인생이 끝나버린 것입니다.

사랑은 영속되는 것이 아닙니다. 첫사랑의 감정에서 벗어나면, 오히려 현실이라는 무게감이 훨씬 크게 다가옵니다. 이것이 평범한 진리인 것이지요. 이처럼 인간은 본인이 경험하고 나서야 깨우치는 나약한 존재임을 이 노래를 통해 엿볼 수 있다는 것은 그리 유쾌한 일은 아닙니다.

이런 시를 읽으며 느끼는 감정 중 다른 하나는 남녀 간의 차별이 엄연히 존재해 왔던 시절이 인간 역사의 대부분을 차지하고 있었다는 사실입니다. 독립된 인간으로서의 사랑, 절망, 회한이 아닌, 제도로 굳어진 종속적인 차별과 가난으로 인한 불행들은, 인간이 만들어 낸 제도들 중 과연 선한 것이 있기는 한 것인지 의구심을 들게 합니다. 또한 여인에게 있어서 지극히 선한 상태란 무엇인가에 대해 정의내릴 수 없다는 혼란스러움에 당혹감을 느끼게도 합니다. 남자의 변심이 여인의 인생 전부를 결정하는 것이라는 역사적 배경을 읽어내는 것은 안타까운 일이기 때문입니다.

불천노불이과(不遷怒不貳過)

화를 다른 사람에게

옮기지 아니하고

똑같은 잘못을 되풀이하지 않는다.

현대인의 삶은 화나는 일의 반복일 수밖에 없습니다.

하지만 화는 전염병과 같아서 주변 사람들에 쉽게 전파됩니다.

다른 사람에게 화가 전이되지 않도록

스스로 화를 다스리는 지혜가 무엇보다도 필요한 시점입니다.

제 10선

우리 집 담장
넘지 마세요

우리 집 마당 건너오지 마세요.
내가 심어 놓은 박달나무 꺾지 마세요.

어찌 박달나무 아껴서 그러겠어요.
다른 사람 말들이 두려워서죠.

둘째 도련님 보고 싶지만,
다른 사람 말들도 두렵답니다.

- 담장 넘지 마세요, 『시경』「장중자」중에서 -

우리 집 담장 넘지 마세요

　다음 작품은 한 여인이 사랑하는 남자와의 밀회를 노래한 '장중자 (將仲子)'라는 시입니다.

　우선 시부터 감상하도록 하겠습니다.

　　제발, 둘째 도련님, 우리 마을 들어오지 마세요.
　　내가 심어 놓은 버드나무 꺾지 마세요.
　　어찌 버드나무를 아껴서 그러겠어요.
　　우리 부모님이 두려워서 인거죠.
　　둘째 도련님 보고 싶지만, 부모님 말씀도 두렵답니다.

　　제발, 둘째 도련님, 우리 집 담장 넘지 마세요.
　　내가 심어 놓은 뽕나무 꺾지 마세요.
　　어찌 뽕나무를 아껴서 그러겠어요.
　　우리 형제들이 두려워서 인거죠.
　　둘째 도련님 보고 싶지만, 우리 형제들 말씀도 두렵답니다.

제발, 둘째 도련님, 우리 집 마당 건너오지 마세요.

내가 심어 놓은 박달나무 꺾지 마세요.

어찌 박달나무를 아껴서 그러겠어요.

다른 사람 말들이 두려워서 인거죠.

둘째 도련님 보고 싶지만, 다른 사람들 말도 두렵답니다.

將仲子兮, 無踰我里.	장중자혜, 무유아리.
無折我樹杞.	무절아수기.
豈敢愛之.	기감애지.
畏我父母.	외아부모.
仲可懷也, 父母之言 亦可畏也.	중가회야, 부모지언 역가외야.

將仲子兮, 無踰我牆.	장중자혜, 무유아장.
無折我樹桑.	무절아수상.
豈敢愛之.	기감애지.
畏我諸兄.	외아제형.
仲可懷也, 諸兄之言 亦可畏也.	중가회야, 제형지언 역가외야.

將仲子兮, 無踰我園.	장중자혜, 무유아원.
無折我樹檀.	무절아수단.
豈敢愛之.	기감애지.
畏人之多言.	외인지다언.
仲可懷也, 人之多言 亦可畏也.	중가회야, 인지다언 역가외야.

이 노래는 다른 시들과는 달리 세 가지의 독특한 기법을 사용하고 있습니다. 그 기법들을 사용하여 노래를 그림처럼 감상할 수 있고, 감상자들은 노래하는 주인공의 마음과 동화되는 긴장감을 맛볼 수 있습니다.

먼저, 이 노래는 회화에서 사용하는 원근법을 활용하고 있습니다. 원근법을 통해 노래를 시각화함으로써 긴장감을 고조시키는 방법입니다. 이를 시각적으로 구조화해 보겠습니다.

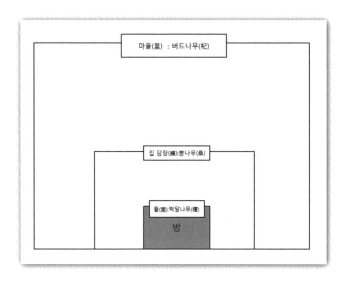

이 구조도에서 보듯 주인공인 여인은 방안에 있습니다. 방안에서 거리상으로 제일 가까운 곳에는 뜰이, 그 다음은 집 담장이, 제일 먼 곳에는 마을 입구가 위치합니다. 상대방인 둘째 도련님이 여인의 방까시 노날하려면, 이 세 단계의 경계를 거쳐야 합니다. 그 경계를 원근법으로 시각화한 것이 이 노래의 가장 큰 특징인 것이지요.

둘째, 이 노래는 경계선이라는 심리적 저지선을 적절히 활용하고 있습니다. 마을 경계에서 집의 경계인 담장으로, 담장에서 뜰을 지나 방으로의 경계선을 긋고 있는 것이지요. 경계선을 넘을 때마다 심리적인 긴장감의 강도가 점점 더 세지는 것입니다. 그 실제적 경계는 마을 입구와 담장, 그리고 뜰이지만 상징적 경계는 버드나무이고, 뽕나무이며, 박달나무입니다. 경계를 넘는 것을 이 나무들을 차례로 꺾는 것으로 표현한 것입니다.

경계의 상징으로 사용된 소재들은 버드나무, 뽕나무, 그리고 박달나무입니다.

고대에서 지금까지 나라와 나라의 경계를 짓는 것이 대개 큰 산이나 강이라면, 마을과 마을을 구분하는 지리적 경계는 작은 언덕이나 시내(溪)였을 것입니다. 그 경계가 되던 시냇가에 대체적으로 버드나무(기, 杞)가 심어져 있었던 것이지요. 다른 특별한 이유보다는 물가에서 버드나무가 잘 자라기 때문입니다. 다만, 고대 시냇가에 있던 버드나무는 축복을 상징하는 것이기도 하였습니다.[1]

뽕나무(상, 桑)는 고대부터 근세에 이르기까지 일상생활에서 없어서는 안 될 매우 가치 있는 나무였습니다. 잎은 실을 뽑는 누에고치

1 『구약』「이사야」44장 3, 4절에서는 '나의 복을 네 후손에게 부어 주리니, 그들이 풀 가운데서 솟아나기를 시냇가의 버들같이 할 것이라' 하여, 축복의 상징으로 묘사하고 있습니다. 아마도 버드나무 잎의 무성함이 복을 연관시킨 것으로 생각됩니다. 그런 의미에서 마을이 시작되는 경계에 버드나무를 심지 않았을까 추측해 봅니다. 물론 버드나무가 물을 정화하는 것도 한 이유가 될 것입니다.

의 먹이로 쓰고, 열매는 먹거나 건조시켜 약재로 씁니다. 열매(상심, 桑葚)는 강장제로, 열매로 만든 상심주(桑葚酒)는 정력에 좋은 것으로 알려져 있어 집 담장 안팎에 몇 그루씩 심기도 한 나무입니다.

박달나무(단, 檀)가 여인이 거처하는 방 앞 뜰에 심어진 까닭은 무엇일요? 박달나무는 그 속성이 단단하여 수레바퀴나 수레바퀴살은 물론, 여인들이 주로 사용하던 홍두깨 방망이, 디딜방아의 방앗공이, 절굿공이, 또는 얼레빗을 만드는 나무입니다. 특히 단단하고 힘이 센 속성에서 비롯되어 상상 속, 도깨비를 쫓아내는 방망이의 재료로 믿어져 왔기에, 힘이 약하고 두려움 많은 여인들이 거처하는 방 앞, 뜰자락에 심어 이들을 지키는 수호신으로서의 역할을 하였습니다.

셋째, 타인의 시선을 적절히 활용하는 기법입니다. 주인공을 타인의 시선을 통해 들여다보는 수법으로 주인공과의 간격이 좁아질수록, 주인공을 바라보는 시선의 숫자가 확대됨으로써 은밀한 비밀이 점점 더 드러나게 만드는 방법입니다. 그 시선의 변화는 '부모'에서 '형제들'로, 형제들에서 '다수의 타인들'로 확대됩니다.

거리상의 원근법과 비밀이 새어나가는 정도, 그리고 심리적인 긴장감을 적절히 활용하는 기법은 실로 감탄을 자아냅니다. 거리가 가까워질수록 밀회의 즐거움은 커지지만, 심리적 긴장감과 비밀을 들킬 수밖에 없는 개연성의 증가를 적절히 시각화한 것입니다. 이 시만이 가지고 있는 아주 재미있는 특징인 것이지요.

이 노래는 정(鄭)나라 시 중의 하나입니다. 정나라는 주(周)나라 선왕(宣王)이 동생 우(友)에게 함림(咸林) 지역 봉토를 주어 다스리게 한 나라입니다. 이후에 주나라 유왕(幽王)이 견융(犬戎)에 의해 죽고, 그 아들 평왕(平王)이 도읍을 동쪽에 있는 낙읍(洛邑)으로 옮기는 데 주도적인 역할을 한 이가 바로 정나라의 무공(武公)입니다. 아마도 이 노래는 정나라 무공이 이 지역을 다스리던 서주(西周) 시대 초기에 불린 것으로 추정됩니다.

정나라는 바로 서주의 도읍인 낙읍 인근 지역에 위치하고 있었으며, 좁은 땅에 인구 밀집도가 다른 지역보다 높았지만 주나라의 정통 제후국으로서의 지위를 갖고 있어 소위 먹고 노는 사람들의 숫자가 많았던 것으로 알려져 있습니다. 따라서 남녀 간의 사랑의 시가 유독 「정풍」에 많은 것은 그런 시대적 상황을 반영하고 있다고 볼 수 있습니다. 이를 공자도 참지 못하고 '정나라의 시는 음란하니 몰아내야 한다'[2]고까지 하였으니, 공자가 시경을 사무사(思無邪)[3]라고 평가한 것을 어떻게 받아들여야 할지 난감하기도 합니다.

노래가 음란하다는 평가는 인간의 원초적인 욕망을 숨기지 않고 드러내는 것을 그대로 표현했다는 것과 동일한 말이기도 합니다. 생각에 거짓이 없는 것은 그것이 표현되는 순간에야 알 수 있는 것이니,

---

2 『논어』 「위영공(衛靈公)」 편 제10장에 나오는 공자의 말입니다. '공자가 말하길, 정나라의 음악은 음란하니, 이를 몰아내야한다.(子曰, ~~~放鄭聲~鄭聲淫~)'

3 『논어』 「위정(爲政)」 편 제 2장에 나오는 공자의 말로서, '시 삼백 편은 한마디로 말해 생각에 거짓이 없다.(詩三百, 一言以蔽之, 曰'思無邪')'라고 시경을 평가하였습니다. 그러나 사무사(思無邪)라는 말의 어원은 시경(詩經), 노송(魯頌), 경(駉)에서 나온 것으로 판단됩니다.

생각한 것을 솔직하게 표현한 것이 음란하다는 평가는 순전히 정치적 평가일 수밖에 없습니다. 어떻게 보면 이런 솔직한 인간의 감정을 표현한 것이기에 3,000년이 넘도록 잊혀지지 않고 전래되는 생명력을 가진 것은 아닐까요?

덕불고(德不孤)

덕은 외롭지 않다.
'덕불고필유린(德不孤必有隣)'의 앞글자입니다.

덕은 진리입니다.
진리를 추구하는 일은
당장 이를 받아들이거나 이해하거나 동조하는 사람이 적을지라도
나중에는 반드시 그 진리를 알아주는 때가 올 것입니다.
그래서 외롭지 않은 것입니다.

제 11 선

그대 없는 텅 빈 도시

그대 떠난 텅 빈 거리.
오가는 사람 하나 없어.

아름답고 멋진 그대.
당신 없기 때문이지.

- 텅 빈 거리, 『시경』 「숙우전」 중에서 -

그대 없는 텅 빈 도시

다음 노래는 '숙우전(叔于田)'[1]이라는 시입니다. 한 사람이 다른 한 사람을 사랑하고 그리워하면 세상이 어떻게 보이는지를 실감케 하는 노래입니다.

이 시는 아무런 설명 없이 감상할 수 있도록 해 보았습니다. 다만, 감상에 도움을 주기 위해 한국어로 해석한 시, 시경 원문, 그리고 영어로 번역된 시를[2] 순서대로 배치하였습니다.

그대 사냥 나가니, 텅 빈 거리.

어찌 거리에 사람이 없겠는가?

당신 같은 사람 없기 때문이지.

참으로 아름답고 착한 그대.

---

[1] 이 시에 등장하는 남자는 숙(叔)입니다. 그가 누구인가에 대해서는 다양한 견해가 있습니다. 주희는 『시경집전(詩經集傳)』에서 정나라 장공(莊公)의 동생인 공숙단(共叔段)이라는 견해가 있다고 말합니다. 공숙단에 대한 기록은 『춘추좌씨전(春秋左氏傳)』「은공(隱公)」편에 등장합니다. 혹자는 어느 가문의 셋째(叔) 아들로 해석하거나, 좋아하는 남자의 애칭으로 보는 견해도 있습니다. 여기서는 좋아하는 상대방의 애칭으로 보아서 '그대'로 번역하였습니다.

[2] 영어 번역은 'The Odes of Shi-Jing'(ctext.org/ book of poetry)에서 옮겼습니다.

叔于田, 巷無居人.　　　　숙우전, 항무거인.

豈無居人.　　　　　　　기무거인.

不如叔也, 洵美且仁.　　　불여숙야, 순미차인.

Shu has gone hunting,

And in the streets there are no inhabitants.

Are there indeed no inhabitants?

[But] they are not like Shu, who is truly admirable and kind.

그대 사냥 나가니, 거리엔 술 한잔 하는 이 없네.

어찌 술 한잔 하는 이 없겠는가?

당신 같은 사람 없기 때문이지.

참으로 아름답고 좋은 그대.

叔于狩, 巷無飮酒.　　　　숙우수, 항무음주.

豈無飮酒.　　　　　　　기무음주.

不如叔也, 洵美且好.　　　불여숙야, 순미차호.

Shu has gone to the grand chase;

And in the streets there are none feasting.

Are there indeed none feasting?

[But] they are not like Shu, who is truly admirable and good.

그대 사냥 나가니, 거리엔 다니는 이³ 없네.

어찌 다니는 이 없겠는가?

당신 같은 사람 없기 때문이지.

참으로 아름답고 씩씩한 그대.

叔適野, 巷無服馬.　　　　숙적야, 항무복마.

豈無服馬.　　　　　　　　기무복마.

不如叔也, 洵美且武.　　　불여숙야, 순미차무.

Shu has gone into the country;

And in the streets there are none driving about.

Are there indeed none driving about?

[But] they are not like Shu, who is truly admirable and martial.

잘 감상하셨는지요?

　사랑하는 사람이 없는 공간은 텅 빈 것 같다는 시인의 노래에 어찌 공감하지 않을 수 있겠는지요. 그 사람이 있을 때는 그 공간의 모든 것이 아름다운 모습으로 눈에 들어오지만, 그가 떠난 후 그 공간은 아무런 의미가 없어집니다. 그가 있기에 그 공간이 활력을 얻는 것이지요. 텅 빈 거리는 사랑에 빠진 사람만이 느낄 수 있는 아름다운 공허함인 것입니다.

3 원문은 복마(服馬), 즉 '말 타는 사람'이라는 뜻이지만, 당시 귀족들의 이동수단은 말이었기 때문에 '다니는 이'로 번역함이 더 자연스러운 해석입니다.

신기독(愼其獨)

군자는 보이지 않는 곳에서도 경계하고 삼가며

들리지 않는 곳에서도 두려워한다.

혼자 있을 때도 삼가며 조심한다.

요즈음 이런 사람이 있는지 의문입니다.

이런 노력을 기울이는 사람마저도

바보 같은 사람으로 취급당하는 것이 현실입니다.

하지만 그런 사람이 역사를 바꿔 나갑니다.

-『중용』제1장 -

닭이 우네요	제 12 선

(아내) 새벽닭이 우네요.
(남편) 아직은 어두워요.

(아내) 당신 일어나 나가보세요, 샛별 반짝일 터이니.
나는 듯 나아가서, 오리며 기러기 잡아오세요.

- 닭이 우네요, 『시경』「여왈계명」 중에서 -

닭이 우네요

다음 노래는 '여왈계명(女曰鷄鳴)'이라는 시입니다. 행복한 부부의 일상을 담은 노래로 서로 사랑하고 아끼는 마음이 녹아 있는 부부간의 대화를 엿볼 수 있는 작품입니다.

아내 말하길, 닭이 우네요. (날이 밝았네요)
남편 대답하길, 아직은 어두워요.

女曰鷄鳴.   여왈계명.
士曰昧旦.   사왈매단.

사이좋게 밤을 보냈을 부부는 새벽에 잠에서 깹니다. 곧이어 아내가 남편에게 닭이 운다고 말합니다. 새벽닭이 우는 것은 날이 밝아오는 것이지요. 남편이 대답합니다. 아직 날이 밝지 않았다고, 더 자고 싶은 것입니다. 누구든 아침 일찍 일어나는 일은 힘들고 싫은 일이기 때문입니다. 매(昧)는 '애매(曖昧)하다'는 뜻으로, '날이 아직 어두워 사물을 분간할 수 없는 상태'를 말합니다. 해가 지평선 아래에 있는 상태인 것이지요. 다시 대화가 시작됩니다. 지금부터는 아내의 목소리만 이어집니다. 아내는 말하고 남편은 듣기만 합니다. 보통 부부들의 대화 패턴인 것입니다. 부부의 평화는 남편이 아내의 말에 토달지 않고 잘 들어주는 데 있다는 것은 예나 지금이나 똑같지 않을까요?

> 당신 일어나 나가보세요, 샛별 반짝일 터이니.
> 나는 듯 나아가서, 주살로 오리며 기러기 잡아오세요.

> 子興視夜, 明星有爛.   자흥시야, 명성유란.
> 將翱將翔, 弋鳧與鴈.   장고장상, 익부여안.

명성(明星)은 '계명성(啓明星)'으로 즉 '금성(金星)', '샛별'을 의미합니다. 해가 뜨기 전에 나타나는 금성은 날이 밝아오는 것을 알려주는 별입니다. 란(爛)은 '빛나다', '반짝이다'입니다. 장(將)은 원컨대 '제발'이라는 뜻이고, 고(翱)는 '새가 날개 치며 나는 모습', 상(翔)은 '매가 날개를 활짝 펴고 빙빙 돌며 나는 모습'을 나타냅니다. 익(弋)은 활의 일종인 '주살'이며 부(鳧)는 '들오리', 안(鴈)은 '기러기'입니다. 새처럼 나는 듯이 움직여서 오리나 기러기를 잡아오라는 말인 것이지요.

2절에서도 아내의 목소리는 계속됩니다.

> 주살로 잡아오면, 그대와 함께 맛있게 요리하여 먹고,
> 즐겁게 술도 마시며, 그대와 함께 백년해로하리라.
> 거문고와 비파 타며, 어찌 평안하고 즐겁지 않으랴.

弋言可之, 與子宜之.　　　　익언가지, 여자의지.

宜言飮酒, 與子偕老.　　　　의언음주, 여자해로.

琴瑟在御, 莫不靜好.　　　　금슬재어, 막불정호.

가지(可之)의 지(之)는 '오리'와 '기러기'를 말하며, 가(可)는 '쏘아서 맞추다'[1]라는 뜻입니다. 의지(宜之)의 의(宜)는 '어떤 대상과 어울리는 상태나 행동'을 뜻합니다. 즉, 오리와 기러기가 마땅히 어울리는 상태인 것이니 맛있게 요리한다는 뜻으로 해석할 수 있습니다. 해로(偕老)는 '함께 늙는다'는 뜻으로, 지금 우리가 쓰는 '백년해로'라는 사자성어는 바로 시경에서 비롯된 것입니다. 금슬(琴瑟), 즉 거문고와 비파는 서로 음이 잘 어울리는 현악기로 '부부간의 화목'을 비유합니다. 어(御)는 '집안', '가정'이라는 뜻이며, 막(莫)과 불(不)은 둘 다 부정어로 부정어 두 개를 겹쳐 사용함으로써 뒤에 오는 말을 강조하고 있습니다.

3절에서도 아내의 목소리는 이어집니다.

당신이 초대하신 분이라면, 잡패를 풀어서라도 선물하겠어요.

당신이 아끼시는 분이라면, 잡패를 풀어서라도 드리겠어요.

당신이 좋아하는 분이라면, 잡패를 풀어서라도 보답하겠어요.

1 주희는 『사기』의 「초세가」편 '약한 활과 작은 주살로 오리와 기러기를 맞힌다'라는 해석을 인용하여 『시경집전(詩經集傳)』에서 '쏘아서 맞추다'로 해석하고 있습니다.

知子之來之, 雜佩以贈之.　　지자지래지, 잡패이증지.

知子之順之, 雜佩以問之.　　지자지순지, 잡패이문지.

知子之好之, 雜佩以報之.　　지자지호지, 잡패이보지.

3절에서는 남편이 알고 지내는 사람들도 귀중하게 여김으로써 남편을 존중하고 있다는 말을 반복하여 노래하고 있습니다. 남편이 집으로 초대한 사람이든, 아끼고 좋아하는 사람이든, 모든 이들에게 자신이 가지고 있는 가장 귀한 물건인 패옥을 풀어서라도 또는 패옥을 선물하거나 드림으로써 예우를 갖추겠다는 뜻입니다. 그만큼 상대방을 위해 자신이 아끼는 것도 흔쾌히 포기하겠다는 말인 것이지요. 더 이상 어떤 존경과 배려가 필요한가요? 행복한 부부의 사랑 표현입니다.

내지(來之)는 '오게하다'라는 뜻으로 해석하는 것이 통례[2]입니다. 오게 한 것이니 집으로 초대하는 것이지요. 집으로 초대하는 사람들은 아무나 부르는 것이 아니고 남편이 좋아하거나 아끼는, 또 존경하는 사람들일 것입니다. 상대방을 좋아하면 상대방이 좋아하는 다른 사람에 대한 관심과 배려와 존경도 함께 한다는 것이 일반적인 사람들의 감정인 것이지요. 잡패(雜佩)[3]는 옥을 실로 꿴 여러 줄을 허리에

---

2 주희는, 『논어(論語)』 「계씨(季氏)」 편에, '먼 곳에 있는 사람이 복종하지 않아 따르지 아니하면 문덕을 닦게 한 후 자기편으로 오도록 만든다. 일단 오면 편안하게 대해 준다.(遠人不服 則修文德以來之 旣來之 則安之)'라는 말을 인용하여, 이 노래의 내지(來之)의 뜻을 '오도록 하다', '오게 하다'의 뜻으로 해석하고 있습니다.

3 잡패는 옥구슬을 실로 꿰어서 늘어뜨리는 방식의 보석 장신구로서, 보통 3줄로 구성됩니다. 줄 중간과 끝 부분에는 꿴 구슬보다 큰 사각형이나 세모꼴의 옥을 매달아서 반원형의 상단 부분에

차는 장식용 패물입니다. 보통 양쪽 허리춤에 차고 다니며, 걸을 때 옥들이 서로 부딪혀서 청명하고 고운 소리가 나도록 만들었습니다.

이 노래에 대한 해석을 부부간 사랑의 대화로 보는 데에 이견은 없습니다. 다만 주희는 이를 다소 교조주의적으로 해석하여 '부부간의 화락(和樂)으로 음란하지 않은 절제를 보여주고 있다'는 식으로 해석하였습니다. 공자의 정나라 시에 대한 평가를 애써 교육적으로 보완하려는 듯한 태도를 취하고 있는 것입니다.

시에 대한 해석은 시 자체로서 받아들여 공감하면 그만인 것을, 시경에 대한 교조주의적 해석이 3,000여 년간 지속되어 왔다는 사실이 더 신기할 따름입니다. 분명 이 노래는 흔히 있을 법한 행복한 부부의 사랑을 담고 있는 노래일 것입니다.

연결하여 허리춤에 차고 다니도록 만든 장신구입니다. 『국조오례의서례(國朝五禮儀序例)』에 따르면, 상단 고리 부분을 형(珩), 중간 부분 양 측 네모난 옥을 거(琚), 가운데 줄 중간 부분의 원형 옥을 우(瑀), 줄 끝부분 양쪽에 매다는 사각형의 옥을 황(璜), 가운데 줄 끝부분에 매다는 삼각형의 옥을 충아(衝牙)라 부릅니다.

성(誠)

정성스럽다는 말입니다.
사람이 정성을 다한다는 것은
자신이 한 말과 행동이 어긋남이 없는
언행일치를 일컫습니다.

말과 행동이 같고,
자기가 한 말을 그대로 지키는 행동이야말로
상대방이 정성스럽다고 느끼게 만드는 원천이겠지요.

가장 쉽지만
가장 어려운
성(誠)입니다.

- 『중용』 제25장 -

제 13 선

내 짝은 왜 이리도

산에는 멋진 나무,
늪에는 예쁜 연꽃.

내 짝은 미치광이.

– 내 짝은 왜 이리도, 『시경』「산유부소」 중에서 –

내 짝은 왜 이리도

'산유부소(山有扶蘇)'라는 시를 보겠습니다. 청춘들의 만남은 초기에는 불같은 정열에 눈이 멀다, 점차 사랑이 식으면서 서로가 서로를 비교합니다. 이 시는 그런 청춘들의 만남을 노래하고 있습니다.

우선 시부터 보겠습니다.

산에는 멋 들어진 나무, 늪에는 예쁜 연꽃.
잘생긴 남자 못 만나고, 어찌 미치광이 만났는가!

山有扶蘇, 濕有荷華.   산유부소, 습유하화.
不見子都, 乃見狂且.   불견자도, 내견광차.

산에는 구부러진 나무에서부터 볼품없이 휘어져 버린 나무까지 수도 없이 많지만, 그중에는 가지 많은 늠름한 나무도 있습니다. 가지가 무성하게 늘어진 멋진 나무를 일컬어 '부소(扶蘇)'[1]라고 합니다. 나무

---

1 주희(朱熹)는 이를 단순히 부소로, 정현(鄭玄)은 작은 나무로 해석하였습니다. 하지만 청(靑)나라 단옥재(段玉裁)는 『설문해자주(說文解字注)』에서 '가지가 사방으로 넓게 퍼진

종류의 이름이 아니고 그런 나무를 부소라 부르는 것입니다. 이 부소는 2절의 '교송(喬松)'과 대응하여 연결됩니다. 부소와 교송은 키 크고 잘생긴 나무를 총칭하는 것입니다.

연못 또는 늪에는 여러 가지 수생 식물이 자랍니다. 그중에서도 눈에 띄게 아름다운 꽃은 연꽃이며, 하화(荷華)는 '연꽃'을 뜻합니다.

부소나 하화는 잘생기고 멋진 남자를 상징합니다. 바로 '자도(子都)'같은 남자를 말하는 것이지요. 잘생긴 남자의 총칭이 자도입니다. 여자에겐 자도같이 잘생긴 남자가 짝이 되는 행운은 없었습니다. 그래서 불만인 것이지요. 여자는 자도같이 잘생긴 남자를 만나고 싶었지만, 정상적이지 않은 미치광이 같은 남자를 만난 것입니다.

계속해서 2절을 보겠습니다.

산에는 키 큰 소나무, 늪에는 부용초.
멋진 남자 못 만나고, 어찌 교활한 놈 만났는가!

山有喬松, 濕有游龍.　　　산유교송, 습유유용.
不見子充, 乃見狡童.　　　불견자충, 내견교동.

큰 나무(大木枝柯四布)'로 해석하였습니다. 단옥재의 해석에 따라야 뒤에 오는 키 큰 소나무(교송, 喬松)와 일맥상통합니다. 잘생긴 남자 자도(子都)와 자충(子充)이 부소(扶蘇)며 교송(喬松)이 되는 것입니다.

2절도 같은 흐름으로 읽어야 합니다. 산에는 키 큰 소나무(교송, 喬松)가 있고, 늪에는 부용초[2]가 있습니다. 생긴 것이 모두 훤칠하고 유려하지요. 특히 부용초는 무늬와 생김새가 상상 속의 용 같아서 흡사 물속에서 용이 헤엄치는 것처럼 보이는 연못의 수초입니다. 수려한 자태를 뽐내는 듯한 부용초는 잘생긴 남자, 즉 자충(子充)을 뜻합니다. 그러나 지금 여자가 만나고 있는 남자는 교활한 사내에 불과합니다. 처음 그를 만났을 때는 보이지 않았던 단점들이 보이기 때문입니다.

보이지 않는 것들이 보이는 것이 항상 인생에 도움이 되는 것 같지는 않습니다. 특히 남녀 간의 사랑이야말로 그런 보이지 말아야 할 것이 보여서 문제가 생기는 것은 아닐까요?

---

2 부용초는 마료(馬蓼), 즉 '말여뀌풀'이라고 하며 용류(龍蓼)라고도 부릅니다. 보는 이에 따라 그 생김새가 말이나 용을 닮았습니다. 부용의 뜻은 '떠다니는 용'이며, 홍초(葒草), 홍료(葒蓼)라고도 부릅니다. 가을철에는 단풍들 듯 줄기가 붉은색으로 변하며, 벼이삭 같은 분홍빛 꽃이 피어납니다. 습지 식물 중 꽃과 잎이 아름다워 회화의 소재로 선택되기도 합니다.

장성(藏聲)

소리를 감추다
말을 드러내지 않는다.

이 뜻은
남의 말은 경청하고
자신이 하고 싶은 말은 참는다는 것입니다.
세상에서 가장 힘든 일 중 하나겠지요.

개인이든 국가든
남의 말을 경청하는 것은
그 수준과 품격을 좌우하는 요체입니다.

제 14 선

너 없어도 살 수 있어 !

너와 헤어졌다고,
내가 밥도 못 먹을 줄 알았더냐!

너와 헤어졌다고,
내가 잠도 못 잘 줄 알았더냐!

- 너 없이도 살 수 있어, 『시경』「교동」중에서 -

너 없어도 살 수 있어!

　다음 시는 '교동(狡童)'입니다. '교활한 아이'란 뜻으로 정확히 표현하면 상대방 남자에 대한 비하의 뜻이 담긴 '교활한 물건'정도의 표현이 될 것입니다. 왜 교활할까요? 그 이유는 자신을 만나면서 다른 여자를 만났기 때문입니다. 상대방 여자를 만난 후, 자신을 대하는 태도가 확 달라졌습니다. 슬프고 가슴 아프지만, 이를 악물고 버티기로 합니다. 너 없이도 살 수 있다고 스스로 다짐하는 것이지요. 오히려 복수하고픈 마음도 듭니다.

　우선 이 시를 보겠습니다.

　　저 교활한 물건, 요샌 나와 말도 섞지 않는구나.
　　너와 헤어졌다고, 내가 밥도 못 먹을 줄 알았더냐!

　　저 비열한 물건, 요샌 나와 밥도 먹지 않는구나.
　　너와 헤어졌다고, 내가 잠도 못 잘 줄 알았더냐!

彼狡童兮, 不與我言兮.　　　피교동혜, 불여아언혜.

維子之故, 使我不能餐兮.　　유자지고, 사아불능찬혜.

彼狡童兮, 不與我食兮.　　　피교동혜, 불여아식혜.

維子之故, 使我不能息兮.　　유자지고, 사아불능식혜.

우선 이 시는 감정을 속이지 않고 솔직합니다. 또 자신을 배신한 남자에 대해 교활하다고 직설적으로 표현하고 있습니다. 상대방 면전이라면 그 말은 욕설에 가까운 단어였겠지요. 시경의 사랑 노래가 솔직한 것은 현대인의 눈으로 보아도 전혀 손색이 없습니다. 유교적 관점으로 보면 음란하다고 표현하는 것이 당연할 정도이니까요. 주희(朱熹)도 이 노래의 주인공을 '음란한 여인'으로 단정짓고 있습니다.[1]

사랑의 감정에 충실한 것이 2,700여 년간[2] 음란한 것으로 치부되어 왔다는 사실이 오늘날 시경이 읽히지 않는 주된 원인일지도 모른다는 생각이 듭니다. 인간의 감정을 있는 그대로 이해하고, 공감하는 것이 시와 노래의 기본적 기능인데, 거기에 교훈적인 포장을 덧씌우다보니[3] 시를 읽는 재미가 사라져 버리는 것입니다. 그래서 현대 시경 해

---

1 주희는 『시경집전』에서 '이 시 또한 음란한 여인이 거절당하고 그 사람을 희롱한 말이다(此亦淫女見絶而戲其人之詞)'라고 해석하고 있습니다.

2 이 노래는 서주 초기인 BC.8세기 즈음에 수집된 것으로 추정됩니다.

3 모형(毛亨)은 『모시정의(毛詩正意)』에서 이 시에서 사용된 교동(狡童)을 '소공이 어른다운 뜻이 있었다(召公有壯狡之志)'라고 해석하고 있습니다. 교활하다는 뜻을 애써 교육적인 의미인 '굳세고 현명하며, 어른스러운'이라는 뜻을 가진 '장교지지(壯狡之志)'로 억지 해석하는 것입니다. 그 당시 사회 분위기는 그런 해석이 널리 받아들여져야만 하는 그런 사회였을 것입니다.

석자들의 주요 과제 중 하나는 교조적인 틀에 갇힌 시경을 본래 모습
으로 돌려놓는 일이 아닐까 생각됩니다.

종고지락(鐘鼓之樂)

시경 첫 번째 노래 '관저'에 나오는 말입니다.
종(鐘)은 '정악(正樂)'을 말합니다.
품격 있는 음악으로부터 얻는 즐거움이라는 뜻입니다.

사랑도
정악과 같은, 클래식 같은,
그런 사랑이 진정한 사랑임을 은연 중 강요합니다.

'낙이불음(樂而不淫)'으로 해석하는
시경 속 사랑.

실상은 순수하고 감정에 솔직한 사랑 노래가 대부분입니다.
거짓 없는 사랑이 더 긴 생명력을 갖고 있기 때문입니다.

제 15 선

치마를 걷어 올리고

그대 날 사랑한다면
치마를 걷고 강이라도 건너겠지만,

날 사랑하지 않는다면
어찌 다른 사람 없겠는가,

이 미치광이야!

– 여자의 자존심,『시경』「건상」중에서 –

치마를 걷어 올리고

다음 노래는 '건상(褰裳)'이라는 시입니다. 이 노래는 앞서 살펴 본 '산유부소(山有扶蘇)'와 유사한 분위기로 남자와 헤어진 여자의 심정을 노래하고 있습니다. 두 작품 모두 헤어진 후, 원망과 분노보다는 상대방을 조롱하며, 일종의 자신감을 표출합니다.

시를 보겠습니다.

그대 날 사랑한다면, 치마를 걷고 강(진수)이라도 건너겠지만,
당신이 날 사랑하지 않는다면 어찌 다른 사람 없겠는가,
이 미치광이야!

그대 날 사랑한다면, 치마를 걷고 강(유수)이라도 건너겠지만,
당신이 날 사랑하지 않는다면 어찌 다른 사람 없겠는가,
이 미치광이야!

子惠思我, 褰裳涉溱,　　　자혜사아, 건상섭진,

子不我思, 豈無他人,　　　자불아사, 기무타인,

狂童之狂也且.　　　　　　광동지광야차.

子惠思我, 褰裳涉洧,　　　자혜사아, 건상섭유,

子不我思, 豈無他士,　　　자불아사, 기무타사,

狂童之狂也且.　　　　　　광동지광야차.

　　1절과 2절 모두 동일한 내용의 반복입니다. 다만, 노래의 변화를 위해 정(鄭)나라에 있는 강인 진수(溱水)를 유수(洧水)로, 인(人)을 사(士)로 바꾸었습니다. 여기서 강을 건너겠다는 것은 실제로 강을 건너겠다는 것이 아닌, 험난한 길이라도 서로 사랑하는 사이라면 헤쳐 나아가겠다는 의지의 표현입니다. 치마를 걷고, 걸어서 강을 건널 수는 없는 일이지요. 불가능한 현실의 어려움도 사랑의 힘으로 충분히 극복할 마음 자세가 되어 있는 것입니다.

　　하지만 그 남자의 마음은 이미 그녀를 떠났습니다. 그녀를 더 이상 사랑하지 않는다는 사실을 확인한 것이지요. 이제 그녀도 마음을 정리했습니다. 싫다고 떠난 사람에 대한 미련을 갖지 않기로 한 것이지요. 그래서 다른 사람을 찾아보려 합니다. 자신을 사랑해 줄 사람이 떠난 남자뿐인 것은 아니니까요. 이미 마음 떠난 사람과 대비를 강조하기 위해 다른 사람(他人), 다른 사내(他士)로 강조해서 표현하였습니다. 헤어진 여자의 자존심인 것이지요.

이전에 본 교동(狡童)이란 노래는 자신을 떠난 남자를 '교활한 사람'이라고 지칭 하였는데, 이 노래는 한 술 더 떠 '미치광이'라고 지칭하고 있습니다. 그것도 한 번이 아닌 두 번씩이나 반복해서 '미치광이, 미치광이'라고 부릅니다. 남자는 듣고 있지 않겠지만, 떠난 남자에 대한 복수는 다른 남자를 사귀는 것과 실컷 욕을 해주는 것이겠지요. 여인의 소심한 복수입니다.

치(恥)

수치, 부끄러움.

'수치지심(羞恥之心)'이 실종된 세상.

맹자는 '수치지심이 없으면 인간이라 할 수 없다'라고 말합니다.

인간의 본성 회복은 부끄러움을 알고

부끄러운 행동을 하지 않는 것부터 시작하여야 합니다.

제 16 선

이루지 못한 사랑이

더 아쉬워

골목길
그대가 기다리고 있던 곳

지금도
그대로지만

나만 홀로 바라보고 있을 뿐

- 골목길에서, 『시경』「봉」중에서 -

이루지 못한 사랑이 더 아쉬워

다음 노래는 '봉(丰)'이라는 시입니다. 봉(丰)은 '풀이 무성한 모양'에서 따온 글자답게 그 뜻도 '건장한', '우람한', '무성한', '풍채 좋은', '예쁜', '잘생긴'이라는 뜻을 가지고 있습니다. 이루어지지 않은 남자의 모습이 풍채 좋고, 잘생긴 사람이었다고 생각하는 여인의 후회스러운 고백이기도 합니다.

이 노래의 구성은 4절로 간단합니다. 동일한 내용이 두 개 절씩 반복되는 전형적인 노래 구성입니다. 동일한 내용, 동일한 운율을 두 번씩 반복함으로써 의사 전달을 명료하게 하는 방법인 것입니다.

1절과 2절은 자신의 잘못으로 잘생긴 남자와 결혼에 성공하지 못한 것을 후회하는 내용이며, 3절과 4절은 결혼 준비가 다 되어 있는 상태이니 누구든 자신을 데려가라고 말하는 내용입니다.

1절과 2절을 보겠습니다.

풍채 좋은 그대, 날 골목에서 기다렸는데.
왜 난 따라가지 않았는지 후회되네.

건장한 그대, 날 집에서 기다렸는데.
왜 난 따라가지 않았는지 후회되네.

子之丰兮, 俟我乎巷兮.　　　자지봉혜, 사아호항혜.
悔予不送兮.　　　　　　　　회여부송혜.

子之昌兮, 俟我乎堂兮.　　　자지창혜, 사아호당혜.
悔予不將兮.　　　　　　　　회여부장혜

동일한 내용의 반복입니다.

사(俟)는 '기다리다'. 호(乎)는 '~에서'라는 뜻이며, 항(巷)은 마을 안 거리, '골목'을 뜻합니다. 풍채 좋고, 건장한 남자가 기다리고 있었지만, 이 여인은 무슨 뜻을 가졌었는지 남자를 따라가지 않았습니다. 콧대가 높았던 걸까요? 기대 수준이 높았던 걸까요? 아마도 그 당시에는 더 좋은 남자가 자신의 짝이 될 거라고 생각하였는지도 모릅니다. 그렇기 때문에 기다리던 남자가 이 여인의 눈에 차지 않았던 것이지요. 그래서 따라나서지 않은 것입니다.

회(悔)는 '후회하다', '안타까워하다'. 송(送)은 '보내다', '따라가다'이며, 여기서는 '따라가다'로 사용되었습니다. 창(昌)은 '번성하다', '창성하다', '건장하다'. 장(將)은 '보내다', '전송하다', '따라가다'입니다. 그런데 지금 와서 생각해보니 그만한 남자도 없었습니다. 풍채 좋고, 잘생기고, 건장하기까지 한 남자였던 것입니다. 그래서 놓친 기회를 아쉬워하고 있는 것이지요. 그 사이 많은 시간이 흘렀습니다. 그녀의 젊음도 시간이 기다려주지 않았을 것입니다. 마음이 급해진 그녀입니다.

3절과 4절입니다.

비단옷에 겉옷 입고, 비단치마에 덧치마 입었으니.
남자들이여, 수레를 타고 와 날 데려가기를.

비단치마에 덧치마 입고, 비단옷에 겉옷 입었으니.
남자들이여, 수레를 타고 와 날 데려가기를.

衣錦褧衣, 裳錦褧裳.　　의금경의, 상금경상.
叔兮伯兮, 駕予與行.　　숙혜백혜, 가여여행.

裳錦褧裳, 衣錦褧衣.　　상금경상, 의금경의.
叔兮伯兮, 駕予與歸.　　숙혜백혜, 가여여귀.

마찬가지로 동일한 내용의 반복입니다.

경(褧)은 '홑옷', 안감을 대지 않은 옷으로 겉에 걸치는 '외출용 옷'입니다. 비단옷에 겉옷을 걸치고, 비단치마에 덧치마까지 둘렀으니, 시십 갈 모든 채비를 마친 것입니다. 숙(叔)은 '나이 어린 사람', 백(伯)은 '나이 든 사람'으로, 이는 '어떤 남자든'이라는 뜻입니다.

귀(歸)는 '시집가다'라는 뜻으로, 시집 갈 준비를 모두 마치고 있으니 누구든 수레를 타고 와서 자신을 데려가라는 뜻입니다. 젊은 시절 좋은 남자 다 떠나보내고, 시간이 흘러 이제 거들떠보는 사람도 없으니 이런 하소연이 나오는 것입니다.

젊은 시절 이루어지지 않은 사랑이 더 아쉬운 것은 대부분의 사람들이 공감하는 것일지도 모릅니다. 이루어지지 않았기 때문에 더 아쉬운 것이지요. 또 실제 이 여인이 그때 그 남자와 결혼해서 살았다면, 풍채 좋은 사람이라는, 건장한 사람이라는 평가를 하였을까요? 가지 않은 길이 더 아름답고, 더 가치 있다고 느끼는 것이 인간의 평가법인 셈입니다. 현재에서 행복을 찾는 철학적 고심은 과거나 현재를 아우르는 숙제인 것이지요.

제 17 선

가까이 있지만
멀리 있는 그대

저기 밤나무 지나면
열 지어 늘어선 집

그대 집 가까우나
그대 너무 멀리 있네.

– 가깝고도 먼, 『시경』「동문지선」 중에서 –

가까이 있지만 멀리 있는 그대

다음 노래는 '동문지선(東門之墠)'이라는 시입니다. 한 여인의 애절한 가슴앓이의 노래이지요. 짝사랑의 애절함은 시간과 공간을 초월합니다.

사랑하는 이 가까이에 있지만, 그는 여인에게 관심이 없습니다. 같은 공간에 있지만 그는 여인에게 다가오지 않습니다. 그와 여인 사이에는 빈터와 비탈, 꼭두서니[1]와 밤나무들뿐입니다. 꼭두서니는 가을이면 열매를 맺어 하얀 천을 붉게 물들이고, 밤나무도 가을이면 붉게 영글어 결실을 맺지만, 그와 여인 사이에는 결실이 맺어질 기미조차 없습니다. 그가 여인에게 관심이 없기 때문입니다.

이 노래의 소재인 빈터와 비탈은 그와 여인 사이에 있는 심리적 장애물입니다. 그가 여인에게 오지 않는 것은 빈터와 비탈이 있기 때문인 것이지요. 빈터와 비탈을 지나 열 지어 늘어선 집들 가운데, 그가 사는 집이 있습니다. 빈터와 비탈은 영원히 극복하지 못할 그와 여인

---

1 생육환경은 습지를 제외한 어디서나 잘 자랍니다. 키는 약 1m 정도이고, 잎은 심장형으로 길이는 3~7cm, 폭은 1~3cm이고, 줄기를 따라 달려 있으며, 가장자리에는 잔가시가 있습니다.

사이의 간극이 되어버립니다.

빈터와 비탈에 대비되는 소재는 바로 꼭두서니와 밤나무입니다. 이 노래에서 빈터와 비탈은 '공허함'과 '일그러짐'을 상징하는 반면, 꼭 두서니와 밤나무는 '결실'을 상징합니다.

또한 채워질 수 없는 빈터는 그와 여인의 관계를 나타내며, 가을에 있을 꼭두서니와 밤나무의 결실은 여인의 바람이며, 희망입니다.

이런 애절함을 담아 이 노래를 들여다보도록 하겠습니다.

동문 밖 빈터, 그 비탈엔 꼭두서니.
그대 집 가까우나, 그대 너무 멀리 있네.

동문 밖 밤나무, 열 지어 늘어선 집.
어찌 그대 그립지 않으랴, 그대 날 찾지 않으니.

| 東門之墠, 茹藘在阪. | 동문지선, 여려재판. |
| 其室則邇, 其人甚遠. | 기실칙이, 기인심원. |

| 東門之栗, 有踐家室. | 동문지율, 유천가실. |
| 豈不爾思, 子不我卽. | 기불이사, 자불아즉. |

선(墠)은 '평평하게 바닥을 고른 땅'으로, 아무것도 있지 않은 상태

의 '빈 땅'을 뜻합니다. 빈터인 것이지요. 그 빈터 끝에는 비탈이 있습니다. 판(阪)은 '언덕, 제방이 있어 경사진 곳'을 말합니다. 여려(茹藘)는 '꼭두서니'이며, '모수(茅蒐)' 또는 '천(茜)'으로도 불립니다. 그 비탈에서 꼭두서니가 자라고 있습니다. 꼭두서니 열매는 가을에 익으며, 열매를 짓이겨서 천을 붉은색으로 물들이는 염료로 사용됩니다.

천(踐)은 '차례차례 있다'라는 뜻으로 사용되었으며, 유천가실(有踐家室)은 '집이 열 지어 늘어서 있다'는 뜻입니다. 열 지어 늘어서 있는 집들 가운데 그가 사는 집이 있습니다. 여인은 빈터와 비탈을 지나면 바로 그가 사는 집이 있다는 것을 알고 있습니다. 그렇기에 어찌 지척에 있는 그가 그립지 않겠습니까?

즉(卽)은 '나아가다'라는 뜻입니다. 하지만 그는 여인에게 다가오지 않고 있습니다. 여인에게 다가오지 않는 남자는 여인의 존재에 대해 특별한 의미를 담아 두고 있지 않은 것입니다.

일방적인 관심과 사랑은 어디에서나 존재하는 안타깝고도 가슴 쓰린 현실입니다. 당사자만이 애태우는 것이지요. 그 애절함은 열매를 맺는 식물과 나무에 대한 부러움이기도 합니다. 그래서 이 노래에서 등장하는 소재가 꼭두서니와 밤나무인 것입니다.

이 노래의 소재들인 꼭두서니(茹藘) 열매, 밤나무(栗)입니다.

꼭두서니(茹藘) 열매

밤나무(栗)

시경에서 등장하는 자연은 항상 그 배경을 가지고 있습니다. 자연과 시인의 마음속 본심과의 인과관계를 갖고 있는 것이지요. 그 배경을 알아가는 것 역시 노래하는 이의 애절함을 함께 공유하는 방법이기도 하며, 시경 감상의 참맛을 느낌으로써 얻을 수 있는 즐거움이기도 합니다.

제 18선

일일여삼추

매일매일 빠른 걸음,
성루에서 바라보네.

하루만 보지 못해도,
석 달이나 못 본 듯.

– 기다림, 『시경』 「자금」 중에서 –

일일여삼추

다음 노래는 '자금(子衿)'이라는 시입니다. '그대의 푸른 옷깃'이라고도 불리는 이 시는 누군가에 대한 사무치는 그리움을 노래하고 있습니다. 누군가가 그립고 그리우면 그 사람이 입고 있던 옷의 옷깃만 생각해도 그리움이 더욱 깊어지는 것이지요. 그 사람의 옷깃과 그 사람이 차고 있던 패옥을 생각하며, 그에 대한 그리운 마음을 절절하게 노래하고 있는 시입니다.

1절을 보겠습니다.

그대 푸른 옷깃 생각하니, 내 마음 아련하네.
비록 난 갈 수 없지만, 그댄 어찌 소식조차 없나.

靑靑子衿, 悠悠我心. 　청청자금, 유유아심.
縱我不往, 子寧不嗣音. 종아불왕, 자녕불사음.

금(衿)은 '옷소매', '옷깃'이라는 뜻으로, 남자가 입었던 옷깃은 푸른색'

---

1 푸른 소매는 주로 학자들이 입었다고 하여, 『모시서(毛詩序)』에서는 이를 근거로 학교를

이었습니다. 그 푸른 옷깃을 생각하니 남자가 그리워져 여인의 마음이 아련해집니다. 유(悠)는 '멀다'라는 뜻으로 안개 낀 것처럼 희미하고 아득한 상태를 나타냅니다. 남자의 모습이 명확하지 않아 아련하여 사무치도록 그리운 상태인 것입니다.

종(縱)은 '비록', 녕(寧)은 '어찌'라는 뜻으로 사용되었습니다. 사(嗣)는 '잇다'라는 뜻이며, 음(音)은 '소식'입니다. 따라서 사음(嗣音)은 '소식을 계속해서 전해주는 것'을 의미합니다.

푸른 옷깃이 남자에 대한 그리움을 깊게 하였습니다. 그럼에도 여인은 남자에게 갈 수 없습니다. 남자가 멀리 있어서인지, 여인에 대한 마음이 멀어져서인지는 모르지만, 남자로부터 소식이 자주 오지 않는 것은 분명합니다. 여인과 남자의 관계가 안개처럼 아득해지고 있는 것이지요.

2절을 보겠습니다.

> 그대 푸른 패옥 생각하니, 내 그대 그리움 사무치네.
> 비록 난 갈 수 없지만, 그댄 어찌 오지 않나.

> 靑靑子佩, 悠悠我思.　　청청자패, 유유아사.
> 縱我不往, 子寧不來.　　종아불왕, 자녕불래.

없애버린 정책에 대한 풍자로 해석하고 있습니다. 『모시서』는 시경 대부분의 해석에 역사성을 강조함으로써 교훈적인 의미를 끌어내려는 '견강부회(牽强附會)'가 작동하고 있습니다. 주희(朱熹)는 옷깃이 푸른 것은 양 부모가 다 살아 계시다는 뜻으로 해석하고 있습니다.

1절의 내용과 동일한 구성입니다. 남자가 차고 있던 패옥[2]을 생각하니 그리움이 사무치는 것입니다. 여인은 남자에게 갈 수 없지만, 그는 어찌 오지 않는지 답답할 뿐입니다. 아무래도 여인을 생각하는 남자의 마음이 옅어졌기 때문일 것입니다.

마지막 3절입니다.

매일매일 왔다 갔다, 성루에서 바라보네.
하루만 보지 못해도, 석 달이나 못 본 듯.

挑兮達兮, 在城闕兮.　　도혜달혜, 재성궐혜.
一日不見, 如三月兮.　　일일불견, 여삼월혜.

도(挑)는 '가볍고 빠르게 뛰는 모양', 달(達)은 '다다르다', '이르다'이며, 성궐(城闕)[3]은 '성의 높은 곳'을 의미합니다. 매일매일 성루까지 뛰어가서 남자가 오는지 바라보는 여인입니다.

그러나 남자의 모습은 보이지 않습니다.

남자를 못 본지 여러 날이 지났습니다. 하루가 삼 개월처럼 느껴지

---

2 패옥(佩玉)은 옥돌을 실에 꿰어 허리춤에 차고 다닐 수 있게 만든 장신구이며, 옥의 색은 푸른색입니다.
3 궐(闕)은 성의 출입구인 성문의 양 옆 성곽보다 높게 만든 '망루(望樓)'를 말합니다. 성문으로 들어오는 사람들을 바라볼 수 있는 장소인 것입니다.

는 마음입니다. '일일여삼추(一日如三秋)'라는 말은 이 노래에서 비롯되었을 것입니다.

  시경은 문자로 기록된 최초의 시였고, 수천 년을 이어오면서 지배층의 교양과 통치의 핵심 교재였으니, 시경으로부터 사자성어나 인용구가 탄생된 것은 어찌보면 당연한 일일 것입니다.

제 19 선

최고의 찬사

아내에게 바치는

밖에 나서니,
예쁜 여자들 구름처럼 많네.

구름처럼 많아도,
내가 사랑하는 이 없네.

수수한 옷차림, 화장기 없는 아내.
그녀와 함께 즐겁게 살아가리.

- 오직 단 한 사람, 『시경』 「출기동문」 중에서 -

아내에게 바치는 최고의 찬사

다음 노래는 '출기동문(出其東門)'이라는 시로 부부간의 사랑과 믿음을 표현한, 남편이 아내에게 바치는 최고의 헌시입니다. 세상에 수많은 시가 있다 한들 아내를 위한 이만한 찬사가 있을까요?

1절을 보겠습니다.

동문을 나서니, 여인들 구름처럼 많네.
구름처럼 많아도, 내가 사랑하는 이 없네.

出其東門, 有女如雲.　　출기동문, 유녀여운.
雖則如雲, 匪我思存.　　수칙여운, 비아사존.

동문 밖은 여인들이 많이 찾는 화려한 놀이 공간입니다. 그곳에는 수많은 여인들이 한껏 치장한 채, 구름처럼 모여 있습니다. 그러나 화려한 옷을 입고 모여 있는 수많은 여인들은 이 남자 눈에 들어오지 않습니다. 사신이 좋아하고 사랑하는 이가 없기 때문입니다. 남자가 그리고 바라는 이는 오직 자신의 아내입니다.

하얀 옷에 연둣빛 두건 쓴 아내, 애오라지 그녀와 함께 즐겁게 살아가리.

縞衣綦巾, 聊樂我員.   호의기건, 료락아원.

호의(縞衣)는 '명주실로 짠 천으로 만든 무늬 없는 하얀 옷'입니다. 비단이 아닌 명주로 만들었기에 일반 사람들이 입는 수수하고 평범한 옷이지요. 기(綦)는 '연두색 비단'으로, 하얀 옷에 연둣빛 두건을 두르고 있는 아내입니다. 료(聊)는 '의지하다', '즐기다', '부족하나 그대로 만족하다'라는 뜻이며, 원(員)은 어조사입니다.

동문 밖, 한껏 치장한 채 구름처럼 모여 있는 여인들에 비하면 초라한 옷차림이지만, 남편 눈에는 그런 아내를 따라갈 여자는 없습니다. 수수한 모습이 더 사랑스럽고 아름다운 아내인 것이지요. 그런 남편이기에 아내의 모습에 만족하며, 아내를 아끼면서 즐겁게 살아가리라 다짐하는 것입니다.

이 시를 현대적인 언어로 고쳐 부르면 어떨까요?

밖에는 수많은 여자들 넘쳐나지만
아무도 내 눈에 들어오지 않아요.
수많은 여자들 중, 내가 그리워하는 사람이 없기 때문이지요.
수수한 옷차림에 맨얼굴이지만
내가 좋아하는 이는 당신뿐이라오.

어떤가요? 아내에게 바치는 최고의 헌시가 될 수 있지 않은가요?

3,000년 전에도 아내에게 바치는 남편의 아름답고, 따뜻한 사랑 노래가 있었다는 것은 부부간의 정은 누구도 깨뜨릴 수 없는 고귀한 것임을 증명하는 것이 아닐까요?

이어서 2절을 보겠습니다. 2절도 1절과 동일한 구조입니다.

성문을 나서니, 여인들 띠꽃처럼 많고 예쁘네.
띠꽃처럼 많지만, 내가 그리는 이 없네.
하얀 옷에 붉은색 두건 쓴 아내, 애오라지 그녀와 함께 즐겁게 살아가리.

出其闉闍, 有女如荼.　　　　출기인도, 유녀여도.

雖則如荼, 匪我思且.　　　　수칙여도, 비아사차.

縞衣茹藘, 聊可與娛.　　　　호의여려, 료가여오.

인(闉)은 '곡성(曲城)'으로 성문 밖의 '옹성(甕城)'을 말하며, 도(闍)는 '망루(望樓)'입니다. 따라서 인도(闉闍)는 '이중으로 된 성문의 바깥쪽 문'을 뜻합니다. 도(荼)는 '띠꽃'으로 '예쁜 모습'을 상징합니다. 여려(茹藘)는 '꼭두서니'로 열매를 이용해 천을 붉게 물들이는 염료로 사용하며, 여기서는 붉은색으로 물들인 '두건(巾)'을 의미합니다. 하얀 명주옷에 붉은색 두건을 쓴 수수한 옷차림의 아내인 것입니다.

1절의 두건은 연두색(綦)이고 2절의 두건은 붉은색(茹藘)입니다. 보색의 대비인 것이지요. 뚜렷이 대비되는 연두색과 붉은색의 두건은 아내의 존재감을 돋보이게 해주는 장치입니다. 이 시의 숨겨진 기법이라고도 할 수 있습니다.

이 시에는 또 하나의 장치가 작동하고 있습니다. 수많은 여인들 속에서 돋보이는 유일한 사람이 곧 아내라는, 그런 아내의 존재를 부각시키는 방법입니다. 아내의 돋보이는 존재감을 부각시키기 위해 수많은 여인들을 나타내는 셀 수 없는 '구름'과 들에 지천으로 깔려 있는 '띠꽃'을 등장시키는 교묘하고도 깜찍한 수법을 동원한 것입니다. 수수하지만 유일함으로써 군중 속에서 돋보이게 하는 기법인 것이지요.

이 정도로 세심한 장치를 마련해 놓고 노래를 부르는 남편의 용의주도함이라면, 아내의 사랑을 듬뿍 받을만한 충분한 자격이 있는 남편이지 않았을까요?

마지막으로 아내에게 바치는 헌시, 출기동문(出其東門)의 서예작품[1]을 보시겠습니다.

---

[1] 전서에도 일정한 법칙이 있습니다. 생각할 思, 생각은 마음, 곧 심장으로 하는 것입니다. 그래서 '心'은 ♥심장을 그리는 것으로 나타냅니다. '思'자의 전서체는 ♥입니다. 위의 서예작품에서 찾아보시기 바랍니다. 남편들이 아내에게 선물해도 좋을 내용입니다.

2절   1절

조단호부부(造端乎夫婦)

『중용(中庸)』에
'군자지도 조단호부부(君子之道 造端乎夫婦)'라 하여
군자의 도는
'부부가 서로 공경하며 손님 모시듯 하는 것'에서
비롯된다고 말합니다.

사람다운 사람이 되는 것은
부부를 서로 존중하는 것으로부터 시작합니다.

제20선

이슬방울 맺혔는데!

새벽 들판, 무성한 덩굴에
구슬 같은 이슬방울 맺혔네.

아름다운 사람, 맑은 눈매.

우연히 만났지만,
내가 바라던 바로 그 사람.

– 이슬방울 맺혔네, 『시경』 「야유만초」 중에서 –

이슬방울 맺혔는데!

다음은 '야유만초(野有蔓草)'라는 시를 보겠습니다. 이 노래의 배경 무대는 '들'입니다. 교외인 것이지요. 들에서 우연히 만난 남녀가 함께 밤을 보내고, 다음날 새벽 남자가 부르는 사랑 노래입니다.

1절을 보도록 하겠습니다.

들에는 무성한 덩굴 잎, 구슬 같은 이슬방울 맺혔네.

野有蔓草, 零露漙兮.　　　　야유만초, 영로단혜.

만초(蔓草)는 '덩굴을 이루어 무성하게 자라는 식물'로 성장력이 워낙 좋아 들에서 흔히 볼 수 있습니다. 칡덩굴이 대표적이지요. 그래서인지 시경에는 칡덩굴로 시작하는 시가 유독 많습니다. 이 시도 그런 시 중 하나입니다.

들에 남녀가 있고, 그 주변으로 덩굴이 무성하게 자라나 있습니다. 잠시 뒤, 그 덩굴 잎사귀에 구슬 같은 이슬방울이 영롱하게 맺히기 시작합니다. 새벽인 것이지요. 영(零)과 단(漙)은 모두 '이슬이 내리다'라는 뜻을 가지고 있으며, 단(漙)은 '구슬 같은 이슬이 많이 맺혀있는 모양'을 나타냅니다.

아름다운 사람, 맑은 눈매 예쁘구나.
우연히 서로 만났지만, 내가 바라던 바로 그 사람이네.

有美一人, 淸揚婉兮.　　　　유미일인, 청양완혜.
邂逅相遇, 適我願兮.　　　　해후상우, 적아원혜.

함께 밤을 지낸 그 여인은 아름답습니다. 눈은 청아하며, 눈매는 시원하고 얼굴은 예쁩니다. 청(淸)은 '눈동자가 맑음'을, 양(揚)은 '눈과 눈썹 사이가 시원함'을, 완(婉)은 '얼굴 모습이 예쁨'을 뜻합니다.

이들은 우연히 만났습니다. 우연히 만났지만 인연을 맺고 보니, 서로가 바라고 원하던 바로 그 사람, 자신의 짝이었던 것입니다. 해후(邂逅)는 '약속이나 기약 없이 우연히 만나는 것'을 의미합니다. 적(適)은 '이르다', '도달하다'라는 뜻으로 적아원(適我願)은 '내가 원하는 바에 이른 것'이라는 의미로 해석됩니다. 즉, 그 여인이 남자가 바라던 상대방이라는 것이지요.

여기서 한 가지 지적하고 넘어가야 할 것이 있습니다. 이 시처럼 남녀가 우연히 만나 하룻밤을 보낸 후 읊는 사랑 노래에 대한 평가가 그동안 적절하였는지의 문제입니다.

예를 들어, 중매라는 제도적인 틀에 의해 남녀의 만남이 이루어지던 사회 체계 내에서 이런 우연한 만남은 무언가 불순하고 음란하다고 평가될 수 있었을 것입니다. 정확히 말하면 시경이라는 체계화된 형태의 교범이 자리 잡았던 BC.5~6세기만 해도 유교적인 틀이 사회 전체를 지배하던 시절이었으니, 이러한 시를 있는 그대로 받아들일 만한 사회적 용량이 갖추어지지 못하였을 것으로 보아야 합니다.

실제 이 노래가 불리던 시기를 BC.7~8세기로 추정한다면 무려 100년에서 200년의 시차가 존재하는 것이니 시경의 해석이 당시 분위기와 사회적 상황과는 전혀 다른 상태에서 이해되고, 해석되었다고 보아야 합니다. 그런 시대적 간극을 제거한 상태에서 이 노래를 평가한다면 지극히 자연스럽고 순수한 이성 간의 만남이고, 정상적인 만남일 것입니다.

공자가 '정나라의 시는 음란하다'고 평가한 것은 춘추 시대 기준으로 수 세기 앞서 나간 남녀 간의 사랑을 평가한 것이기 때문입니다, 오늘날 공자의 해설이 있는 그대로 받아들여지지 않는 것처럼 말입니다. 이러한 점에서 이 노래는 청춘들의 자연스러운 만남과 그 만남에서 오는 본능적인 기쁨과 희열의 표현으로 보아야 할 것입니다.

이처럼 시경의 해석은 그 당시 사람들의 감정을 찾아내어 되살리는 데에 큰 매력이 있습니다. 이 시는 그런 감정을 되살려야 하는 대표적인 대상이기도 한 것입니다.

계속해서 2절을 보겠습니다.

1절에 이어 동일한 구성과 내용의 반복입니다. 유행가 1·2절을 부르듯이 반복되는 것이지요.

들에는 무성한 덩굴 잎, 이슬 흠뻑 맺혔네.

아름다운 사람, 맑은 눈매 예쁘구나.

우연히 만났지만, 우리 어울리는 짝이구나.

野有蔓草, 零露瀼瀼.	야유만초, 영로양양.
有美一人, 婉如淸揚.	유미일인, 완여청양.
邂逅相遇, 與子偕臧.	해후상우, 여자개장.

양양(瀼瀼)은 '이슬이 흠뻑 내려 적셔진 상태'를 말하며, 장(臧)은 '착하다', '두텁다'라는 뜻으로 여자개장(與子偕臧)은 '그대와 함께 어울려 사이가 두텁다'라는 의미로 해석됩니다.

마지막으로 이 노래 또한 반복되는 노래의 전형답게 끝 글자에서 압운을 사용하고 있는 것으로 보여집니다. 이 노래를 현대 중국어 발음으로만 판단하면, 1절은 모두 혜(兮, xi-)로, 2절은 양(瀼, ráng), 양(揚, yáng), 장(臧, zāng)으로 모음의 압운을 맞추었습니다. 이는 1절의 청양완혜(淸揚婉兮)를 2절에서는 완여청양(婉如淸揚)으로 끝 부분에 동일한 모음인 양(揚)이 오도록 배치한 것으로 추정됩니다. 뜻은 그대로 두고 노래의 운율을 살리기 위해 글자 순서를 바꾼 것이라 할 수 있습니다.

제 21 선

사랑의 정표, 작약

"저쪽에 가보셨나요?"
"이미 가보았죠."

"다시 한 번 가보아요, 좋은 곳 있거든요."

사랑의 정표로 작약을 주었네.

- 사랑의 정표, 『시경』「진유」중에서 -

사랑의 정표, 작약

다음 노래는 '진유(溱洧)'라는 시입니다. 정(鄭)나라의 강인 진수(溱水)와 유수(洧水)가 이 노래의 배경 무대이지요. 정나라의 풍속 중, 매년 봄이 되면 불어난 진수와 유수에서 향초[1]를 꺾으며, 한 해의 액운을 제거하는 행사가 있었다고 합니다.[2] 당연히 그 행사에는 수많은 젊은 남녀들도 참여하였을 것입니다. 이 노래는 그런 풍속이 이루어지는 장소에서 목격되었을 젊은 남녀들의 이야기를 제 3자의 시각을 통해 전하는 방식으로 이루어졌습니다.

진수와 유수는 봄 물 불어 넘실대고.

처녀 총각들, 난초를 꺾어 들었네.

溱與洧 方渙渙兮.　　진여유 방환환혜.

士與女, 方秉蘭兮.　　사여녀, 방병간혜.

---

1 향초(香草)는 물가에 자라는 '택란(澤蘭)'을 지칭합니다. 잎이 넓적하고 마디가 길며, 마디 가운데는 붉고 키가 30cm 정도로 자랍니다.

2 주희(朱熹), 『시경집전』. '정나라의 풍속은 음력 3월3일에 물가에서 난초를 캐어 불길한 기운을 제거하는 액땜 행사를 가졌다(정국지속鄭國之俗, 삼월상사지신三月上巳之辰, 채란수상采蘭水上, 이불제불상以祓除不祥).'

봄볕이 따사로운 4월 말에서 5월 초, 강가에 많은 남녀들이 모여들었습니다. 환환(渙渙)은 '물이 가득 차 흘러 넘실대는 모습'을 말합니다. 강물이 봄 동안 내린 비로 불어나 넘실대며 흐르는 것입니다. 병(秉)은 '손으로 잡다', '쥐다'를 말하며, 간(蕑)은 '난초'를 말합니다. 그들의 손에는 한 아름씩 꺾은 난초가 들려 있습니다.

사람들로 북적이는 강변 풍경입니다. 젊은 남녀들의 웃음소리가 들리는 듯합니다.

처녀가 묻기를, "저쪽에 가보셨나요?" 사내가 답하길, "이미 가보았죠."

女曰觀乎, 士曰旣且.　　　여왈관호, 사왈기차.

여자가 한 남자를 지목하여 말을 걸어 보지만, 남자의 반응이 시큰둥합니다. 여자는 다시 남자에게 말을 겁니다.

"다시 한 번 가보아요. 유수 건너편엔 넓고도 즐기기 좋은 곳 있거든요."

且往觀乎. 洧之外 洵訏且樂.　차왕관호. 유지외 순우차락.

남자는 이미 가보았다고 대답했지만, 여자는 다시 한 번 더 가보자고 재촉합니다. 함께 가자는 여자의 유혹인 것이지요.[3] 이곳에는 사람이 너무 많으니 사람이 없는 한적한 곳으로 가자는 말입니다. 그곳은 크고 넓어 두 사람만이 은밀히 만날 수 있는 장소가 많기 때문입니다. 순(洵)은 '진실로', '참으로'를 뜻합니다. 우(訏)는 '크다'를 말하며, 차(且)는 어조사입니다.

다음 장면은 두 사람만이 알 수 있습니다. 노래하는 이는 이 장면을 생략하고 있습니다. 듣는 이의 상상에 맡기는 것이지요. 마지막 구절입니다.

처녀와 총각, 서로 농담 주고받으며, 사랑의 정표로 작약을 주었네.

維士與女, 伊其相謔, 贈之以勺藥. 유사여녀, 이기상학, 증지이작약.

노래하는 이가 다시 남녀를 목격한 것은 은밀한 만남이 이루어진 이후입니다. 함께 정을 나누고 난 후, 돌아오는 길인 것이지요. 학(謔)은 '희롱하다', '농을 주고받다'를 말합니다. 두 남녀가 서로 진한 농담을 주고받으며 즐거워합니다.

---

3 주희는 이 시를 해석하면서 정(鄭)나라와 위(衛)나라를 비교하고 있습니다. 두 나라의 시가 음란하기는 마찬가지지만 '위나라의 시는 그 숫자도 적고 남자가 여자를 유혹하는 데 반해, 정나라 시는 그 숫자도 많고 여자가 남자를 유혹하는 것이라서 더 음란하다'는 것입니다. 그래서 '위나라의 시는 풍자와 징계라는 교훈적인 요소가 있지만, 정나라는 풍속이 문란하여 사람들이 전혀 부끄러워하거나 뉘우치는 기색이 없다'라고 평하고 있습니다. 공자가 살던 춘추 시대 이후 내려진 '정나라의 시는 음란하다'라는 평가의 연속인 셈입니다.

작약(芍藥)은 꽃 중에서도 향기가 진하며 색깔 또한 진분홍색입니다. 5월 초·중순에 피는 꽃으로 화사함과 유혹을 상징하는 꽃이기도 합니다. 특히 달빛을 받아 빛나는 붉은 꽃잎과 진초록의 잎이 함께 어우러지는 밤의 작약은 신비롭기까지 합니다. 신비한 사랑의 꽃인 것이지요. 증(贈)은 '주다', '선물하다'라는 뜻입니다. 남자는 사랑을 나눈 여자에게 작약 한 송이를 꺾어 선물합니다. 사랑의 정표인 것입니다.

2절은 동일한 내용의 반복입니다.

진수와 유수는 깊고 맑은데.
처녀 총각들, 많고 많네.
처녀가 묻기를, "저쪽에 가보셨나요?" 사내가 답하길, "이미 가보았죠."
"다시 한 번 가보아요. 유수 건너편엔 넓고도 즐기기 좋은 곳 있거든요."
처녀와 총각, 서로 농담 주고받으며, 사랑의 정표로 작약을 주었네.

溱與洧 瀏其清矣.	진여유 류기청의.
士與女 殷其盈矣.	사여녀 은기영의.
女曰觀乎, 士曰旣且.	여왈관호, 사왈기차.
且往觀乎. 洧之外 洵訏且樂.	차왕관호. 유지외 순우차락.
維士與女, 伊其將謔, 贈之以芍藥.	유사여녀, 이기장학, 증지이작약.

류(瀏)는 '물이 깊다'를 뜻하며, 청(淸)은 '물이 맑다'를 뜻합니다. 진수와 유수는 맑고도 깊습니다. 그 주변으로 수많은 사람들이 액운을 쫓아내는 행사에 참여하였습니다. 은(殷)은 '성하다', '많다'. 영(盈)은 '넘칠 듯 가득 차다'라는 뜻입니다. 일 년에 한 번 성대하게 이루어지는 행사로 인하여 젊은 남녀들이 만날 수 있는 기회가 생긴 것입니다. 자연스럽게 이루어지는 청춘들의 만남은 때로는 뜨겁고 진한 이야기를 만들어냅니다.

그렇기에 이런 사랑 노래로 만들어져, 오늘날까지 전해지는 것 아닐까요? 사랑의 힘은 수천 년의 긴 공백을 뚫고 살아남아 우리들의 감정에 잔잔한 파동을 일으킵니다. 이것이 노래의 힘, 시의 힘입니다.

무위(無爲)

아무것도 하지 않음?

그런 뜻은 아닙니다.
『도덕경(道德經)』의 핵심인 '무위(無爲) 사상'은

어떤 일을 행함에 있어서
사소한 의도마저도 개입하지 않는 자연스러운 상태를 말합니다.

『금강경(金剛經)』의 '공(空)' 개념과
일맥상통하는 것일지도 모릅니다.

제22선

동쪽 하늘 해가 밝았네

동쪽 하늘에 해가 밝았네.

아리따운 아가씨,
내 방에 있네, 내 방에 있다네.

나를 따라 왔다네.

– 발자국 따라, 『시경』「동방지일」 중에서 –

동쪽 하늘 해가 밝았네

이번 노래는 '동방지일(東方之日)'이라는 시입니다. 이른 아침, 동쪽 하늘로 해가 떠오르고, 방문이 열립니다. 방안에 있는 남자 옆으로 함께 밤을 보낸 아름다운 여인이 누워 있습니다. 아침 햇살이 방문을 타고 들어와 예쁜 그녀의 얼굴을 비춥니다. 젊은 남녀가 함께 보낸 밤은 젊음의 특권이고 기쁨이며, 즐거움이고 환희입니다.

동쪽 하늘에 해가 밝았네.
저 아리따운 아가씨,
내 방에 있네, 내 방에 있네.
나를 따라 왔다네.

東方之日兮. 　　　동방지일혜.

彼姝者子, 　　　　피주자자,

在我室兮, 在我室兮. 　재아실혜, 재아실혜.

履我即兮. 　　　　리아즉혜.

리(履)는 '뒤를 쫓아오다'라는 뜻으로 앞선 사람의 발자국을 뒤따라

오는 것을 말합니다. 어제 만난 아름다운 여인은 남자를 따라 이곳에 왔습니다. 즉(即)은 '나아가다'를 의미합니다. 어디든 함께 갈 마음으로 주저함 없이 이곳에 왔음을 알 수 있는 것이지요.

2절도 동일한 내용의 반복입니다.

> 동쪽 하늘에 달이 떴네.
> 저 아리따운 아가씨,
> 내 집 문안에 있네, 내 집 문안에 있네.
> 나를 따라 나서네.

東方之月兮.	동방지월혜.
彼姝者子,	피주자자,
在我闥兮, 在我闥兮.	재아달혜, 재아달혜.
履我發兮.	리아발혜.

여인과 함께 보낸 하루가 지나갔습니다. 어젯밤 남자를 따라 이곳으로 온 것이니, 어느새 하룻낮이 지나고 달이 뜬 것입니다. 이제 돌아가야 할 시간인 것이지요. 달(闥)은 '출입문(門)'을 총칭하는 단어입니다. 문을 열고 길을 떠나려는 것임을 알 수 있지요. 그런데 여인도 남자를 따라나섭니다. 남자와 떨어지지 않으려는 여인의 행동을 엿볼 수 있는 대목입니다.

사랑에 빠지면 한시도 떨어지고 싶지 않은 것이지요. 그 사람이 가는 곳이라면, 어떤 곳이라도 따라가고 싶은 것입니다. 무모해 보이지만 사랑에 빠진 걸 어떡하나요. 가시밭길도 함께 걷고 싶고, 걸을 수 있게 만드는 것이 사랑의 힘인 것을 말입니다.

절차탁마 (切磋琢磨)

옥을 자르고 갈아서 다듬다.

그런 잘 다듬어진 옥처럼
인품이 고귀하고 기품을 갖고 있음을 말합니다.

후세에는 그런 기품을 갖추기 위해
학문을 정진한다는 뜻으로 인용되고 있습니다.

우리가 현재 사용하고 있는 사자성어 대부분은
시경에서 비롯되었습니다.

- 『시경』 위풍 기오(詩經, 魏風 淇奧)에서 -

제 23 선

신랑 신부가 부르는

결혼 축가

하늘엔 삼성.

오늘 밤 어떤 밤, 우리 님 보는 밤.

어여쁜 내 님 어쩌면 좋을까!

– 사랑의 단을 묶으며, 『시경』「주무」 중에서 –

신랑 신부가 부르는 결혼 축가

다음 노래는 '주무(綢繆)'라는 시입니다. 결혼을 앞둔 남녀가 번갈아 부르는 노래로 오늘날의 축가인 것이지요. 이 시의 제목인 주무(綢繆)는 '나뭇단을 엮는 것'을 의미하며, '각각 달리 떨어져 있던 것을 하나로 묶는 행위'를 말합니다. 즉, 결혼을 상징하는 것입니다.

이 시는 각각 다른 곳에서, 다른 삶을 살고 있던 남녀가 하나로 합쳐지는 결혼 당일의 기쁨과 설렘을 노래하고 있습니다.

1절은 여자의 목소리입니다.

나뭇단 묶을 때, 하늘엔 삼성[1]이.
오늘 밤 어떤 밤. 우리 님 보는 밤.
그대여, 그대여, 어여쁜 내 님 어찌하면 좋을까.

1 삼성(參星)은 날이 어두워지면 동쪽에서 떠서 남쪽으로 저뭅니다. 동양에서는 28수(宿) 중의 하나이며, 서양에서는 오리온 좌의 허리벨트 부분 3개의 별을 지칭합니다. 주로 겨울철에 뚜렷이 보입니다.

綢繆束薪, 三星在天.　　　주무속신, 삼성재천.

今夕何夕, 見此良人.　　　금석하석, 견차량인.

子兮子兮, 如此良人何.　　자혜자혜, 여차량인하.

　　오늘은 사랑하는 내 님과 결혼하는 날입니다. 신(薪)은 '땔나무'를 뜻하며, 당시에 없어서는 안 될 연료였습니다. 낮부터 땔 나뭇단을 묶었지만 곧 저녁이 되었습니다. 날이 저물자 동쪽 하늘에 삼성이 떠오릅니다. 오늘 밤은 내 님과 함께 하는 첫날밤으로 어찌하면 좋을지 두렵기도 하지만 기대와 설렘이 앞섭니다.

　　2절은 남녀가 함께 부르는 노래입니다.

　　꼴단 묶을 때, 삼성은 하늘 모퉁이에.

　　오늘 밤 어떤 밤, 우리 님 보았네.

　　그대여, 그대여, 어여쁜 내 님 어찌하면 좋을까.

綢繆束芻, 三星在隅.　　　주무속추, 삼성재우.

今夕何夕, 見此邂逅.　　　금석하석, 견차해후.

子兮子兮, 如此邂逅何.　　자혜자혜, 여차해후하.

　　추(芻)는 '꼴'로, '말이나 소 등 가축의 먹이로 사용하는 풀 더미'를 말합니다. 우(隅)는 '모퉁이'를 뜻하며, 하늘의 '동남쪽'을 지칭합니다. 동쪽 하늘에 떠 있던 삼성은 시간이 흘러 어느덧 동남쪽으로 기울었습니다. 두 사람이 함께한 것입니다. 그렇게 두 사람의 사랑이 별처럼 익어갑니다. 그 상황을 해후(邂逅)²라는 말로 표현하였습니다. 허물없는 사이가 된 것이지요. 부부가 함께 하는 노래가 된 것입니다.

3절은 남자가 부르는 노래입니다.

싸리단 묶을 때, 삼성은 남쪽에.
오늘 밤 어떤 밤, 고운 님 보았네.
그대여, 그대여, 고운 내 님 어찌하면 좋을까.

綢繆束楚, 三星在戶.　　주무속초, 삼성재호.
今夕何夕, 見此粲者.　　금석하석, 견차찬자.
子兮子兮, 如此粲者何.　자혜자혜, 여차찬자하.

초(楚)는 '가시나무', '싸리나무'를 말합니다. 나뭇단을 묶는다는 것은 다가오는 겨울철을 대비하는 것이기도 하지만, 여기서는 부부가 함께 즐거운 시간을 보내는 것을 상징합니다. 결혼하는 행위인 것이지요. 의식으로서의 결혼이 아니고 행동으로서의 결혼을 상징합니다.

집(戶)은 문을 남쪽에 둡니다. 삼성이 집 대문 쪽에 걸려있는 것은 남쪽으로 기울어 있음을 의미하며, 밤이 깊었음을 나타내고 있는 것입니다. 결혼 후, 밤이 깊어갈 때까지 부부가 즐겁고 설레는 시간을 갖고 있음을 노래하는 것입니다. 마음껏 사랑한 후, 어찌할 줄 모르는 그 기쁜 마음을 표현하고 있는 것이지요.

2 날밤을 보내는 것을 의미하며, '허물없는 시간을 보내다'는 뜻으로 사용되었습니다.

찬(粲)은 '정미'를 말하며, 정미란 '벼를 찧어서 쌀로 만드는 것'을 뜻합니다. 그렇게 정미한 쌀은 희고 깨끗하며, 고운 상태입니다. 따라서 찬(粲)은 '곱다'라는 뜻으로 쓰였습니다.

부부간의 사랑을 표현한 이 노래에는 말로 표현할 수 없는 기쁨과 희열이 묻어나고 있습니다. 부부의 행복을 위한 가장 원초적인 조건이 무엇인지를 말해주는 솔직한 고백인 것이지요. 완전한 부부의 사랑, 그래서 이 시를 3,000년 전의 축가라고 부르는 것입니다.

이 노래는 세 가지의 특징을 갖고 있습니다.

먼저, 남녀가 번갈아 부르는 형식을 취하여 노래의 묘미를 한층 깊게 해주고 있습니다. 1절은 여성이, 2절은 부부가 함께, 3절은 남성이 부릅니다. 사랑하기 전에는 부인이, 사랑할 때는 함께, 사랑한 후에는 남편이 부르는 것이지요. 묘한 구성이지만, 부부의 의미를 깊게 해주는 구성인 것입니다.

둘째, 시간의 흐름에 따라 두 사람이 함께하는 시간이 다가오도록 느끼게 함으로써 긴장감을 높이고 있습니다. 삼성이 뜨고 기우는 시간 순서에 따라 부부간 사랑의 기쁨을 대비시키는 방식입니다.

마지막으로, 두 사람은 어쩌다 만나 인연을 맺은 사이지만,[3] 누구보

---

3 이 노래는 '당풍(唐風)'에 속합니다. 당(唐)나라는 토지가 척박하여 백성들이 가난하였습니다. 따라서 많은 젊은이들이 정식으로 혼례를 치루기는 경제적으로 매우 곤란하였을 것입니다.

다도 더 아끼며 사랑하고 있음을 드러내고 있습니다. 이는 '해후'⁴라는 말을 통해 엿볼 수 있습니다. 해후는 중매쟁이를 통한 만남은 아니지만 부부의 인연을 맺은 후 서로 아끼고 사랑하는, 그래서 허물도 없고 숨기는 것도 없는 편안하고 즐거운 사이임을 표현하고 있는 말입니다. 어쩌다 만난 사이지만 어떤 부부보다도 더 사랑하고 아끼는 마음이 나타나 있는 것입니다.

그렇게 혼기를 놓친 젊은이들이 많았고, 그래서 서로 좋아하는 젊은이들이 사실상 부부의 인연을 맺은 사례가 많았다고 합니다. 이 노래는 그런 배경으로 읽어야 합니다. 주희, 『시경집전』.
4 해후(邂逅)는 '뜻하지 않게 기약 없이 만나서 더 기쁨'을 나타내는 말입니다. 그래서 더 허물 없는 사이, 가까운 사이가 되는 만남인 것입니다. 기쁨을 주는 만남입니다. 결혼 예식을 치루지 못하고 사실상의 부부가 된다는 뜻도 포함되어 있습니다.

해후(邂逅)

부부간의 인연은
뜻하지 않게 기약 없이 만나서 시작됩니다.
그리고 허물없는 사이가 됩니다.

부부간의 인연을 맺은 후
서로 아끼고 사랑하는 사이로
다가오는 시간들을
허물없이 함께하는 사이.

해후의 정(情)입니다.

제 24 선

산초 한 줌을
손에 쥐여 준 뜻은

"그대 얼굴 보니 꽃보다 아름답구려."

그녀는 산초 열매 한 줌을 내 손에 쥐여 주네.

- 꽃보다 아름다운 그대, 『시경』 「동문지분」 중에서 -

산초 한 줌을 손에 쥐여 준 뜻은

이번 노래는 '동문지분(東門之枌)'이라는 시입니다. 진(陳)나라에서 수집된 노래 중 하나로, 이 시를 제대로 감상하기 위해서는 진나라에 대한 충분한 설명이 필요합니다.

주(周)나라 무왕(武王)은 은(殷)나라를 정복하고 나서 그 일대를 다스리기 위해 여러 제후국을 두었습니다. 그중 진나라는 질그릇을 굽는 일을 담당하였던 순(舜)임금의 후손인 우알보(虞閼父)의 아들 규만(嬀滿)에게 자신의 딸 태희(太熙)를 주어 다스리게 한 땅입니다. 규만이 곧 진나라의 시조 호공(胡公)인 것이지요. 진나라는 지역이 넓고 땅이 평평하며, 주변에 큰 산이나 호수가 없는 평야 지대였습니다. 상대적으로 먹거리가 풍부한 편이었던 것입니다. 또한 호공의 부인 태희는 무속과 가무를 좋아하여 그 영향이 진나라 백성들에게까지 미쳤습니다.[1] 그래서인지 진나라에서 수집된 노래 중에는 지배층의 '놀기 좋아하고 방탕하며 문란함'을 풍자한 노래들이 있습니다. 제후들이 일은 안 하고 가무만을 즐기는 모습을 노래한 시 '완구(宛丘)'나, 대신들의 문란한 성을 풍자한 '주림(株林)'이라는 시가 대표적입니다.

---

1 주희, 『시경집전』, '太熙 婦人尊貴 好樂巫覡 歌舞之事. 其民化之.'

욕하면서 닮아간다는 말이 있듯, 진나라에서 수집된 노래 중에는 일반 백성들의 놀기 좋아함과 자유로운 성풍속을 노래한 시들도 많습니다. 이 노래는 그런 일반 백성들의 분위기를 엿볼 수 있는 작품입니다.

또한 이 시는 진나라에 대한 역사적 이해 못지않게 사용된 소재에 대한 깊은 이해가 필요합니다. 그렇다고 소재에 대한 고고학적 분석이 필요한 것은 아닙니다. 소재에 대한 감성적인 이해를 말하는 것이니까요.

이 노래의 앞부분에 산초나무 열매 사진을 실은 이유가 바로 거기에 있습니다. 이 노래의 대표적인 소재이기 때문입니다. 정확히 말하면 잘 말린 산초나무 열매의 껍질입니다. 이 시를 감상하다 보면 마지막 구절에 산초나무 열매가 등장합니다. 이 산초나무 열매가 남녀 간의 소통에서 어떤 상징적 의미를 갖고 있는지를 공감하지 못하면 이 시의 본 맛을 느낄 수 없을 것입니다. 이에 대한 설명은 시의 후반부에서 하도록 하겠습니다.

우선 이 노래가 불린 장소와 시간적 배경에 대해서 알아보겠습니다. 장소는 진나라 수도와 완구(宛丘)라는 지역의 주변 일대이며, 노래에서 그 장소들을 언급하고 있습니다. 수도 동쪽에 있는 들판과 남쪽에 있는 들판, 그리고 많은 사람들이 모여드는 시장통의 공터가 이 노래가 불린 장소인 것입니다. 들판에는 나무들이 울창하게 자라있고, 나무 아래 공터에서 사람들은 흥겹게 춤을 춥니다.

시기는 날씨 좋은 늦봄이나 초여름으로, 금규화(錦葵華)꽃이 여기
저기 만개하는 시기입니다. 이 꽃은 5월이나 6월에 피는 꽃으로 들로
놀러가기에 아주 좋은 계절을 의미합니다. 그들은 아침부터 놀러 나
와 흥겹게 춤을 춥니다. 산초는 열매를 수화하는 시기가 9월~10월경
이어서 그 시기로 추정할 수 있지만, 열매를 잘 말려서 여러 해 동안
사용하는 것이므로 산초 열매의 수확 시기를 이 노래가 불린 시기로
추정하는 것은 맞지 않습니다. 그렇기 때문에 금규화꽃이 피는 시기
로 보아야 합니다.

여럿이 몰려다니며 춤을 춘다는 것은, 일하는 것보다 노는 것을 더
중시하는 것이겠지요. 시의 내용 중, '종매(驟邁)'는 그런 상황임을 알
려줍니다. 당시 사회적 상황을 엿볼 수 있는 대목인 것입니다. 나라
전체의 분위기가 노는 것을 더 중시하는 분위기라면, 그 나라는 곧 망
할 것입니다. 하지만 당시의 사람들은 그것을 알지 못하였고, 알려고
하지도 않았겠지요. 또 현실을 더 중시하는 사회 분위기는 당시 젊은
이들의 사고에도 큰 영향을 미쳤을 것입니다.

이 시의 마지막 구절, 남녀가 서로 희롱하는 장면에서 이런 상황이
극적으로 드러납니다. 여러 사람들이 몰려나와 춤을 추는 장면을 상
상해 보시길 바랍니다. 남녀가 한데 어울려 나무 아래든, 들판이든,
시장통이든 공터만 있으면 흥겹게 춤을 춥니다. 단체로 춤을 추다보
면 그 자체 분위기에 흠뻑 빠져듭니다. 이성이 마비되는 것이지요. 즐
거움은 더 큰 즐거움을 탐닉하게 만듭니다. 그런 상황에서 남자가 마
음에 드는 여자를 발견하고 말을 겁니다.

"당신은 아름답기가 금규화꽃 같구려."

"視爾如荍." 　　　　시이여교.

금규화는 당아욱으로, 야채의 일종이지만 꽃이 워낙 예뻐서 관상용으로 심기도 합니다. 그 꽃의 색은 뭐라 형용할 수 없을 만큼 아름답습니다. 진분홍의 복숭아꽃보다 진한 자주색을 띤 붉은색으로 꽃잎 하단은 하얗습니다. 그래서 꽃잎의 붉은 기운이 더 돋보이는 꽃입니다. 당시 집 근처 어디서든 눈에 띄었을 금규화는 아마도 아름다움을 표현하는 대표적인 꽃이었을 겁니다. 아름다움에 대한 최고의 찬사인 것이지요. 그 꽃과 같다고 마음에 드는 여인에게 요즈음 말로 작업 멘트를 날린 겁니다. 그 여인은 꽃처럼 아름답다고 말해준 잘생긴 사내에게 말이 아닌 행동으로 화답합니다. 이 시의 묘미인 것이지요.

"그녀는 나에게 산초 열매 한 줌을 쥐여주었네."

"貽我握椒." 　　　　이아악초.

시경의 해석은 시에서 사용된 소재들의 특성을 제대로 이해하여야 시의 참맛을 느낄 수 있는 것들이 많습니다. 이 시도 마찬가지입니다. 그녀가 사내 손에 쥐여준 산초 열매는, 그녀가 사내에게 말하는 언어입니다. 산초 열매의 특성에서 그 언어를 해석하여야 하는 것이지요. 산초 열매는 세 가지 특성을 가지고 있습니다.

첫째, 향료입니다. 나쁜 냄새를 없애주는 향신료이지요. 정확히 말하면 없애는 것이 아닌 나쁜 맛을 느끼지 못하도록 맛의 감각을 속이는 것입니다. 상쾌하고 톡 쏘는 매운맛은 민물고기 등의 비린내를 없애는 귀중한 양념으로 현재까지 사용되고 있습니다. 현대어로 말하면 '냄새 제거제'인 것입니다. 여인이 사내에게 준 것은 냄새를 제거하는 구강 청정제 또는 껌으로 이해하는 것이 보다 정확하지 않을까요?

둘째, 산초나무는 그 열매가 뭉치듯 많이 열립니다. 따라서 다산의 상징으로 사용되기도 하였습니다. 그 상징으로 사용된 사례입니다.

'한나라 때 황후의 거실을 산초나무의 이름을 따서 '초방(椒房)'이라 하였고, 황후의 거실 벽에 다산의 주술(呪術)로서 산초나무를 발랐다. 이렇게 하면 방이 더워지고 악기(惡氣)를 제거하기 때문에 회임이 가능하다고 믿었던 것이다.'[2]

다산의 상징을 사내에게 정표로 준 것입니다. 물건이 아닌 그 물건이 상징하는 의미를 직접 손에 쥐여준 것이지요.

셋째, 국부 마취제로서의 기능입니다. 당시에는 통증을 완화하려면 식물의 성분을 이용하는 수밖에 없었습니다. 그렇기 때문에 치통이나 여러 통증을 완화하기 위해 산초 열매 가루를 사용하였습니다. 일종의 마취제였던 것입니다. 또한 열매의 껍질은 천초(川椒)라 하여 발한(發汗)제, 강정제 등 귀중한 약제로도 쓰였습니다.

산초 열매의 몸을 따뜻하게 하는 발열 기능과 강정 기능은 여인이 사내에게 차마 말로는 하지 못할 무언가를 행동으로 표현한 언어가 아닐까요? 이런 이해를 통해서 노래를 감상해 보도록 하겠습니다.

2 최영전, 『한국민속식물』, 1997. 2. 15.

1절입니다.

동문 밖 흰 느릅나무, 언덕에 상수리나무.
자중씨네 아들, 그 아래서 춤추네.

東門之枌, 宛丘之栩.　　　동문지분, 완구지허.
子仲之子, 婆娑其下.　　　자중지자, 파사기하.

특정한 장소나 사람을 말하고자 하는 것은 아닙니다. 자중(子仲)은 '성씨 중의 하나'이며, 흔한 성씨를 특별한 의미 없이 노래에 담았다고 보아야 합니다. 여기서의 자(子)는 정현(鄭玄)의 해석에 따라 '아들'로 해석하였습니다. 2절과 대비해서 아들로 해석하는 것이 아니고, 대부분의 젊은 남녀들이 일하지 않고 놀러 나와 춤을 추는 상황을 노래하고 있는 것으로 보아야 하기 때문입니다. 파사(婆娑)는 '춤추다'와, '어슬렁거리며 배회하다'라는 두 가지 뜻이 있습니다. 여기서는 '춤추다'로 해석하는 것이 노래 전체 분위기에 적합합니다. 젊은이가 일은 안 하고 놀러 나가서 춤을 추고 있다는 것을 말하고자 하는 것이니까요.

2절입니다.

좋은 날 골라서, 남쪽 들판으로 놀러가네.
하던 길쌈 팽개치고, 시장통에서 춤추네.

穀旦于差, 南方之原.　　곡단우차, 남방지원.

不績其麻, 市也婆娑.　　불적기마, 시야파사.

마찬가지로 2절 역시 특정한 장소나 사람을 말하고자 하는 것이 아닙니다. 곡(穀)은 '착하다', '좋다'라는 뜻이며, 차(差)는 '선택하다', '구별하다'입니다. 적마(績麻)는 '길쌈', 시(市)는 '시장', '저잣거리'를 뜻합니다. 1절과 대비하여 젊은 여자 역시 일은 안 하고 놀러 나가서 춤을 추는 것을 말하는 것입니다.

마지막 3절입니다.

좋은 날 골라, 무리지어 놀러가네.

"당신 아름답기가 금규화꽃 같구려."

내게 산초 열매 한 줌을 쥐여 주네.

穀旦于逝, 越以鬷邁.　　곡단우서, 월이종매.

視爾如荍.　　시이여교.

貽我握椒.　　이아악초.

남녀 모두 할 것 없이, 젊은이들 대부분이 무리지어 놀러 다닙니다. 놀러 나가서 하는 일이 춤추고 노래하며 서로 희롱하고, 또 눈이 맞아 즐기는 것뿐이지요. 교(荍)는 '당아욱'으로, 금규(錦葵), 당교(唐荍), 형규(荊葵), 비부(芘芣)로도 불리며, 여기서는 금규로 해석하였습니다. 초(椒)는 '산초'로, 촉초(蜀椒), 파초(芭椒), 천초(川椒), 남초(南椒), 점초(點椒), 진초(秦椒), 한초(漢椒), 천초(天椒) 등 다양하게 불립니다.

이 노래는 그런 사회적 분위기를 담담하게 서술하듯 노래하고 있습니다. 어떤 풍자나 비판의 말도 없이 사회적 상황을 설명하고 있는 것입니다. 그래서 독자들은 그 행간을 읽어내야 합니다. 그 행간을 읽는 수고를 후대의 독자들에게 남겨둔 것입니다.

이 시를 해석한 대부분의 해석자들은 '남녀가 모여 춤추고 노래하며, 서로 즐거워한 것이다'라는 주희의 해석[3]과 큰 차이를 보이고 있지는 않습니다. 이 시의 키워드가 춤, 자유로움, 즐거움, 희롱, 젊음, 다중, 어울림인 것이지요. 주제를 정리하면 다음 세 가지로 정리할 수 있습니다.

1. 현재를 즐기다.
2. 여럿이 몰려다니며(종매, 職邁), 일보다 노는 게 우선인 사회 분위기.
3. 남녀 간 집단적으로 자유롭고 거리낌 없는 감정으로 소통하다.

진나라는 BC.1027년 건국되어 BC.478년, 초(楚)나라에 의해 멸망하였습니다. 주나라 초기에는 여러 제후국들 중의 하나였으니 사실상 국가로서의 체제를 갖춘 것은 동주 시대 시작인 BC.770년경으로 보아야 합니다. 존속 기간이 채 300년도 되지 않았으며, 다른 나라에 비

---

3 이 부분의 주희 해석은 '此 男女聚會歌舞, 而賦其事以相樂也.'

해 일찍 망한 것이지요. 또한 평야 지대를 가져서 물산이 풍부하였음에도 한 번도 패권국이 되지 못했던 나라이기도 합니다. 그 이유를 이 노래에서 간접적으로 말해주고 있습니다. 미래보다 현재를, 일하기보다 노는 것을 더 중시하는 사회 분위기를 가진 나라의 미래가 어떻게 보장되겠습니까?

이 노래는 엄밀히 따져 사랑 노래 범주에 넣기에는 적합하지 않았지만, 군이 그 범주에 넣은 것은 바로 이 이유 때문입니다. 사랑을 넘어 집단적 방종이 만연한 사회가 어떤 결과를 가져왔는지, 이 노래를 통해 우리들에게 알려주고 있는 것이지요. 일하지 않고 현재를 위해 미래의 자산들을 끌어다 써 버리는 나라들은 조만간에 망하고야 만다는 것을 경고하고 있는 것입니다.

비례부동(非禮不動)

예(禮)가 아니면 움직이지 말라.
예의에 어긋나는 일을 행하지 않는다는 말입니다.

예의의 기초는 상식에 기반하고
예의의 한계는 상대방을 존중하는 것에 의해 설정될 것입니다.

-『중용』-

제 25 선

남자의 자존심, 상대방은

눈길도 주지 않는데

저 어여쁜 여인

나와 짝이 되어

함께 노래할 만하구나.

- 동문 밖 연못가, 어여쁜 여인, 『시경』「동문지지」 중에서 -

남자의 자존심, 상대방은 눈길도 주지 않는데

다음 노래는 '동문지지(東門之池)'라는 시입니다.

한 사내가 허전한 마음에 동문을 나섭니다. 동문을 나서면 도성을 끼고 흐르는 시내(溪)가 있습니다. 시내를 따라 골풀(菅)들이 자라고 있으며, 인근 밭에서는 삼(麻)과 모시풀(紵)이 자라나고 있습니다. 시내는 도성을 휘감아 돌며 군데군데 연못을 만듭니다.

연못가에선 여인들이 한데 모여 일을 하고 있습니다. 이 여인들이 하고 있는 일은 인근 밭과 물가에서 수확한 삼과 모시풀, 그리고 골풀을 물속에 담그는 것입니다. 입을 옷을 만들기 위한 옷감 재료인 삼과 모시풀, 바구니나 방석 등 여러 생활용품을 만드는 재료인 골풀을 손질하는 첫 단계인 것이지요. 이 광경을 한 사내가 바라보고 있습니다.

사실 사내는 마음이 허전해서 동문을 나선 것이 아닙니다. 자신이 마음에 두고 있는 여인이 연못가에서 일을 하고 있기 때문에 나선 것이지요. 그리워하며, 짝사랑하는 여인을 보기 위해 찾아간 것입니다.

동문 밖 연못가, 삼을 담그기에 좋구나.
저 어여쁜 여인, 나와 짝이 되어 함께 노래할 만하구나.

東門之池, 可以漚紵.　　　　동문지지, 가이구마.

彼美淑姬, 可與晤歌.　　　　피미숙희, 가여오가.

구(漚)는 '물에 담그다'라는 뜻입니다. 삼(紵)은 합성 섬유가 발명되기 전까지 '삼베옷과 어구를 만드는 재료'로 사용되었습니다. 여기서 '동문 밖에 있는 연못에서 아름다운 여인이 삼을 담그고 있다'라고 하지 않고 '그 연못은 삼을 담글만하다'고 말하는 사내의 말투를 눈 여겨보아야 합니다. 이것은 사내의 마음 상태가 연못이 좋아 보이는 것을 나타내고 있는 것입니다. 누군가를 좋아하거나 사모하면 그 사람의 발자취와 흔적도 좋아 보이는 것이지요. 그래서 여인이 일을 하고 있는 연못도 좋아 보이는 것입니다.

이제 그는 본심을 말합니다.

미숙(美淑)은 '아름답고', '고운'을 뜻하며, 희(姬)는 '여인'을 말합니다. 저 어여쁜 아가씨가 연못에서 삼을 담그고 있습니다. 오(晤)는 '만나다', '짝이 되다'란 뜻으로 여인과 짝이 되길 바라는 사내의 본심을 표현하고 있습니다. 바라고 또 바라는 일인 것이지요. 배필이 되면 정말로 함께 노래하고 싶습니다. 즐겁기 그지없을 것입니다.

그런데 이 사내는 '그녀와 짝이 되어 함께 노래하고 싶구나'가 아닌 '함께 짝이 되어 노래할 만하구나'라고 말합니다. 바라고 바라는 일이지만 자신의 짝이 될 만한 상대라고 짐짓 허세를 부리고 시침을 떼면서 말하는 것입니다. 진정으로 원하지만 안 그런 척 말하는 것은 사내의 자존심 때문입니다. 그러나 정작 이 여인은 사내가 자신을 좋아하고 있다는 사실조차 모르고 있을 것입니다.

속마음을 애써 감추려는 말투는 사내의 마음을 독자들이 함께 공감할 수 있는 단서가 됩니다.

2, 3절도 동일한 내용의 반복입니다.

동문 밖 연못가, 모시를 담그기에 좋구나.
저 어여쁜 여인, 나와 짝이 되어 함께 이야기할 만하구나.

東門之池, 可以漚紵.　　　동문지지, 가이구저.
彼美淑姬, 可與晤語.　　　피미숙희, 가여오어.

동문 밖 연못가, 골풀을 담그기에 좋구나.
저 어여쁜 여인, 나와 짝이 되어 함께 말할 만하구나.

東門之池, 可以漚菅.　　　동문지지, 가이구관.
彼美淑姬, 可與晤言.　　　피미숙희, 가여오언.

저(紵)는 '모시풀'로 줄기 부분을 실의 재료로 사용하였고, 관(菅)은 '골풀'이며, 돗자리, 방석, 모자, 신, 바구니, 노끈 등의 재료로 사용하였습니다.

이 노래의 소재인 삼(麻), 모시풀(紵), 골풀(菅)입니다.

삼(麻)

모시풀(紵)

골풀(菅)

사랑하는 여인을 향한 사내의 마음을 표현하는 소재로 활용된 것이지요. 어쩌면 매일같이 여인과 함께하는 재료들이 부럽기까지 한 것인지도 모릅니다. 재료들을 다루는 여인의 손길은 사내가 그토록 다다르고 싶은 대상이기 때문입니다.

누군가를 사랑하게 되면 그 사람 주변에 있는 모든 것들이 눈에 들어오는 것이지요. 아주 사소한 것들도 신경 쓰이게 만드는 것이 바로 사랑 아닐까요? 그것이 사람이든, 사물이든, 작은 풀잎이든 말입니다.

제 26 선

버드나무 아래서

버드나무 아래

기다린 님 오지 않고

샛별만 왔네.

- 동문엔 버드나무, 그 잎 무성하네, 『시경』 「동문지양」 중에서 -

버드나무 아래서

이 노래는 '동문지양(東門之楊)'이라는 시입니다. 남녀 간의 기다림을 이처럼 애절하게 노래한 시는 동문지양이 인류 역사상 최초가 아닐까 생각합니다.

우선 이 시를 보겠습니다. 동일한 내용의 반복입니다.

동문엔 버드나무, 그 잎 무성하네.
날이 저물 때 만나기로 하였지만, 샛별만 반짝이네.

東門之楊, 其葉牂牂.　　　동문지양, 기엽장장.
昏以爲期, 明星煌煌.　　　혼이위기, 명성황황.

동문엔 버드나무, 그 잎 무성하네.
날이 저물 때 만나기로 하였지만, 샛별만 반짝이네.

東門之楊, 其葉肺肺.　　　동문지양, 기엽폐폐.
昏以爲期, 明星晢晢.　　　혼이위기, 명성제제.

한 사내가 사랑하는 여인과 만나기로 약속하였습니다. 약속 장소는 사람이 많이 다니지 않는 동쪽 외곽입니다. 그곳에는 버드나무 한그루가 서 있습니다. 장(牂)은 '암양, 무성한 모양'을 나타내는 말로 이 시에서 장장(牂牂)과 폐폐(肺肺) 모두 '무성한 모양'이라는 뜻으로 사용하였습니다. 버드나무는 여름철이 되면 잎이 무성하게 자랍니다. 무성한 가지와 잎이 늘어져 있는 버드나무 아래에 서 있으면, 낮에도 누가 있는지 구분하기 어렵습니다. 혼(昏)은 '날이 저물다'라는 뜻으로 만나기로 한 시간은 해가 저물어 어둑해질 무렵입니다. 근처 인가(人家)에서도 저녁을 준비할 시간이기에 다니는 사람도 드문 한적한 시간입니다.

기(期)는 '만날 장소와 시간을 정하여 약속하다'라는 뜻으로 사내는 약속한 시각에 그곳으로 갔습니다. 해는 이미 저물어 어둑어둑해진 거리입니다. 한적한 길을 따라 후미진 곳에 있는 버드나무 아래에 도착하였습니다. 그러나 그녀는 아직 오지 않았습니다. 그녀가 와 있을지도 모른다는 생각에 주변을 두리번거리지만, 인기척은 어디에도 없습니다.

남아 있던 어스레한 빛마저도 지평선 속으로 사라졌습니다. 이제 땅 위의 사물들은 형체만을 드러내고 있습니다. 명성(明星)은 '금성', '계명성', '샛별'을 뜻합니다. 황(煌)은 '별이 반짝반짝 빛나다'라는 뜻으로 이 시에서 황황(煌煌)과 제제(晢晢) 모두 '반짝반짝 빛나는 모양'을 표현하고 있습니다. 어둠이 모든 것을 감추어 버립니다. 세상의 모든 색은 사라져 지상의 사물들은 모두 까만색이 되었습니다. 하지만 하늘은 검푸른 빛으로 남아, 하나둘 별들을 낳고 있습니다.

동쪽 하늘에 샛별이 떴습니다. 무심하게도 그 샛별은 너무나도 아름답게 반짝입니다. 비어 버린 사고의 부재 속에서 오히려 그녀에 대한 간절한 마음이 더 깊어질 따름입니다. 지금이라도 하얗게 웃으며 나타날 것만 같습니다. 이제 그만 돌아가야 한다고 생각하지만 발걸음은 떨어지지 않습니다. 기다림을 접고 집으로 돌아가면 곧바로 그녀가 그 시간에 와 있을 것만 같아 차마 발길을 돌리지 못하는 것입니다.

사내는 기다립니다. 하늘에 떠 있는 수많은 별을 헤며 이제나 저제나 그녀가 오기를 기다립니다. 그렇게 시간은 흘러만 갑니다. 덩달아 그의 마음도 초조함과 불안함으로 근심이 깊어집니다.
어느새 새벽 동이 텄습니다. 샛별과 함께 사나이의 마음속에 있던 희망은 흔적도 없이 사라져 버렸습니다. 그렇게 갈 곳을 잃은 채 홀로 서 있는 사내입니다.

기다림은 누구에게나 가슴을 도려내는 듯한 아픔을 줍니다. 또 타다 못해 사라져 버린 것 같은 허전함과 낭패감이 온몸을 감싸 돌게 만듭니다. 이처럼 기다리는 사람의 심정은 3,000여 년의 간격을 사라져 버리게 만들며, 그때와 지금의 감정은 동일합니다. 오랜 시간이 지나도 익숙해지지 않는 사랑의 기다림인 것이죠.

최남선 「혼자 앉아서」

가만히 오는 비가 낙수 져서 소리하니

오마지 않은 이가 일도 없이 기다려져

열릴 듯 닫힌 문으로 눈이 자주 가더라.

사랑하는 사람을 밤새워 기다리는 남자의 마음이 열정이라면

최남선의 기다림은 은근함입니다.

어떤 것이든

기다림은 힘들지만

언제나

삶에 활력을 줍니다.

제 27 선

사랑의 경쟁자는
도처에

제방엔 까치둥지, 언덕엔 능소화.

누가 내 님 꾀어낼까,

마음엔 근심 가득.

– 사랑의 경쟁자, 『시경』「방유작소」 중에서 –

사랑의 경쟁자는 도처에

이 노래는 한 남자가 자신이 사랑하는 여인이 혹여 변심할까 노심초사하는 심정을 노래한 '방유작소(防有鵲巢)'라는 시입니다. 불안감을 직설적으로 내비치고 있는 이 노래는 3,000년 전 주인공의 감정이 오늘날 사랑에 빠져버린 뭇 남성들에게도 그대로 지속되고 있음을 증명하고 있습니다. 현재 진행형인 것이지요.

이 노래에는 '까치집'과 '능소화', 그리고 집 마당의 '벽돌'과 '칠면조'가 주요 소재로 등장합니다. 시경 해석은 노래에서 등장하는 소재를 정확히 이해하는 것에서부터 출발하여야 합니다. 아무런 이유 없이 소재를 언급하는 일은 없기 때문입니다. 도대체 왜 까치와 칠면조를, 그리고 능소화와 벽돌을 등장시켰을까요? 우선 우리는 이러한 소재들의 특성을 살펴보아야 합니다.

이 시에 등장하는 까치, 능소화, 벽돌, 그리고 칠면조입니다.

까치

능소화

벽돌

칠면조

결론부터 말하면, 이 노래에서 등장하는 소재들은 주인공의 불안감을 촉발시킨 사랑의 경쟁자들이 가지고 있는 경쟁력을 상징합니다.

우선, 제일 먼저 언급한 '까치'부터 살펴보겠습니다. 까치는 영물로 여겨졌으며, 집을 지을 때 미리 자연적인 풍수를 예측하여 짓는다고 알려져 왔습니다. 비가 적게 오거나 날씨가 좋을 것으로 예측되면 사방이 탁 트인 장소에 까치둥지 입구를 넓게 짓고, 비가 많이 오거나 날씨가 좋지 않을 것으로 예측되면 비를 피할 수 있는 장소에 까치둥지 입구를 좁게 하여 짓는다고 믿어 왔습니다. 그래서 영물로 여겨진 것입니다. 즉, 까치는 경쟁자의 '영리함'과 '똑똑함'을 상징합니다.

두 번째는 '칠면조'입니다. 수컷 칠면조는 늠름하고 멋있습니다. 멋진 꼬리를 부채 모양으로 활짝 펴서 암컷을 한껏 유혹합니다. 즉, 칠면조는 경쟁자의 '멋짐'과 '화려함'을 상징하는 것입니다.

마지막으로 '능소화'와 '벽돌'입니다. 능소화는 꽃의 색이 황금빛이어서 '돈', '재물', '명예'를 상징합니다. 지체 높은 양반집에만 심는다고 하여 '양반화'라고 부르기도 합니다. 벽돌은 건축 재료로 쓰거나 마당에 까는 용도로 쓰입니다. 아무나 벽돌을 건축 재료로 쓸 수 없는 것이니, 집 마당에 벽돌을 깔 정도라면 엄청난 재물을 소유하고 있는 것입니다. 이렇듯 능소화나 벽돌은 경쟁자의 '재력'을 상징하고 있습니다.

자신이 사랑하는 여인 주변에 보이는 잘생기고 멋지며 영리한 사람들, 거기에 재력까지 겸비하고 있으니, 이 사내는 좌불안석, 노심초사입니다. 자신이 사랑하는 여인이 혹여 이런 멋지고 돈 많은 사내들의 유혹에 넘어가지 않을까 걱정인 것이지요. 그래서 마음이 괴롭고 애달픕니다. 이제 시를 보겠습니다.

1절입니다.

제 방엔 까치둥지, 언덕엔 멋진 능소화 피었네.
누가 내 님 꾀어낼까, 마음엔 근심 가득.

防有鵲巢, 邛有旨苕.[1]　　방유작소, 공유지초.
誰侜予美, 心焉忉忉.　　수주여미, 심언도도.

작소(鵲巢)는 '까치둥지'입니다. 제방 위, 나뭇가지에 까치둥지가 있습니다. 까치둥지가 있으면 당연히 까치도 있을 것입니다. 이 시에서는 실제 까치를 뜻하는 것이 아니고, 내 님 주변에 까치처럼 영리하고 똑똑한 사내가 있다는 것을 뜻합니다. 언덕 위에 멋진 능소화(邛有

---

1 주희는 지초(旨苕)를 '맛있는 풀 완두콩'으로 설명하고 있으나, 필자는 이에 동의할 수 없습니다. 노래의 소재를 아무런 이유 없이 사용한 시경 속 노래는 없기 때문입니다. 자신보다 잘난 남자가 자신의 여인을 꾀어낼까 염려하는 주인공의 마음을 헤아리면 '똑똑하고 재력 있는 남자'로 해석하는 것이 보다 합리적일 것입니다.

旨苕)는 그 사내가 재력도 겸비하고 있다는 설명입니다. 공(邛)은 '언덕'입니다. 제방이 있으니 당연히 언덕, 비탈도 있을 것입니다. 여기서 제방과 언덕은 서로 대응하는 말로 보아야 합니다. 지(旨)는 '멋진', '아름다운'이란 뜻이며, 능소화(苕)는 말 그대로 '황금빛으로 피는 아름다운 꽃'을 의미합니다.

황금색의 꽃은 재물을 상징합니다. 사랑의 경쟁자인 사내에 대한 걱정 어린 설명인 것입니다. 수(誰)는 '누구', 주(侜)는 '속이다'라는 뜻이며, 언(焉)은 어조사입니다. 도도(忉忉)는 '근심하는 마음 상태'를 나타내는 말입니다. 똑똑하고 돈 많은 사내가 내 님 주변에 있다고 생각하니 주인공의 마음에는 근심이 한 가득입니다. 아름다운 내 님을 혹여 꾀어내지 않을까 하는 근심인 것이지요.

2절입니다.

사당으로 가는 길엔 벽돌 깔려 있고, 언덕엔 아름다운 칠면조 있네.

누가 내 님 꾀어낼까, 마음엔 근심 가득.

中唐有甓, 邛有旨鷊.[2]　　　중당유벽, 공유지역.

誰侜予美, 心焉惕惕.　　　수주여미, 심언척척.

---

2 주희는 지역(旨鷊)을 '아름다운 타래난초'로 해석하고 있습니다. 이 부분을 '언덕에 타래난초가 있다'고 해석하면 뒤에 오는 근심 걱정하는 내용과 전혀 일맥상통하지 않습니다. 그렇기 때문에 누가 자기님 꾀어갈까 걱정하며, 경계하는 대상인 상대방 남자에 대한 걱정 어린 설명을 하는 것으로 해석해야 할 것입니다. '칠면조처럼 멋있는 남자'이기 때문에 걱정되는 것입니다.

1절과 마찬가지로 사랑의 경쟁 상대인 사내를 설명하는 말입니다. 그 사내는 칠면조처럼 여자를 유혹할 만한 화려하고 멋진 외모를 가지고 있습니다. 지역(旨鵙)은 '칠면조같이 멋진 남자'입니다. 중당유벽(中唐有甓)의 중당은 '사당(祠堂)으로 가는 중앙 가운데 길'이며, 그 길에는 벽돌이 깔려 있습니다. 사내의 배경을 설명하는 구절인 것이지요. 척척(惕惕)은 도도(忉忉)와 마찬가지로 '근심 걱정'을 뜻합니다. 사당이 있고, 사당을 향해 가는 길에도 벽돌이 깔려 있다면 엄청난 재력을 가진 사람임이 틀림없습니다. 멋질 뿐 아니라 재력도 엄청난 사내인 것입니다. 그런 사내가 내 님 주변에 있으니, 어찌 걱정이 되지 않겠습니까?

만일 주인공도 멋지고 영리하며, 재력까지 겸비하였다면 이렇게 노심초사하지는 않았을 것입니다. 분명 다른 사내들에 비해 부족하다고 생각하는 것이겠지요. 이처럼 사랑에 빠진 뒤 이어지는 남자의 괴로움은 현실의 능력 차이에서 비롯되는 경우가 많습니다. 아마도 많은 남자들이 겪고 있을 현실적인 고민 아닐까요? 비록 현실적인 차이가 없다 하더라도 남자가 여자를 너무나 사랑하게 되면 얻게 되는 사랑의 속쓰림인 것을 어찌하겠습니까?

사랑은 상대방에 대한 관심과 열정에서 상대방을 혹여 잃지는 않을까 하는 온갖 상념을 만들어 내는 근심의 묘약이 아닐까요? 인류 역사를 통틀어 지속되고 있는 열병의 근원인 것이지요.

이신(履新)

새로운 것을 밟는다.
'새해'를 말합니다.

이십사절기(二十四節氣)의 하나.
대설(大雪)과 소한(小寒) 사이인 12월 22일이나 23일경입니다.
일 년 중 낮이 가장 짧고 밤이 가장 깁니다.
보통 동지에 해당합니다.

이날은 음기가 극성한 가운데 양기가 새로 생겨나는 때이므로
일 년의 시작으로 간주합니다.

우리들의 삶도 항상
새로운 시작처럼 희망이 가득해야 합니다.

제28선

달빛에 비친 근심

하얀 달빛, 내 님 얼굴.

맺힌 마음 풀렸으면,
.
.
.
근심만 한가득.

- 달이 뜨면,『시경』「월출」중에서 -

달빛에 비친 근심

이 노래는 '월출(月出)'이라는 시입니다. 달빛이 환하게 비치는 밤, 한 사내는 잠을 이루지 못합니다. 달빛은 너무 밝아 그녀가 있는 곳도 환히 비추고 있을 것입니다. 환한 달 속으로 그리던 소녀의 얼굴이 떠오릅니다. 아니, 사내 마음속 그녀가 환한 웃음으로 다가옵니다. 바로 곁에 있듯이, 밝고 흰 달빛은 그녀가 보내는 사랑의 손짓입니다.

1절입니다.

> 달빛 희게 빛나니, 예쁜 내 님 고운 얼굴.
> 맺힌 마음 풀렸으면, 근심만 깊어지네.

> 月出皎兮, 佼人僚兮.　　월출교혜, 교인료혜.
> 舒窈糾兮, 勞心悄兮.　　서요규혜, 노심초혜.

달이 떠오르니 그녀의 얼굴처럼 달빛이 하얗게 빛납니다. 달이 예뻐서가 아니고 그녀가 예쁜 것이지요. 그녀와 사내는 아는 사이입니다. 하지만 언제부턴가 사내 혼자 그녀를 좋아하는 관계가 되고 말았습니다. 그 단서는 료(僚)자에 있습니다. 료(僚)는 '예쁘다'라는 뜻으로, 그녀에 대한 사내의 마음을 의미합니다. 하지만 그녀는 사내를 친구처럼 대합니다. 서로 생각하는 마음이 일치하지 않는 것입니다. 자신의 마음이 왜 그런지 사내는 알 수 없습니다. 그녀 얼굴이 달처럼 희고 고와서인지, 그녀의 무관심이 가슴에 불을 지폈는지 알 수 없습니다.

다음 구절은 서요규혜(舒窈糾兮)입니다. 이 부분 해석이 가장 어렵고 해석하는 사람마다 조금씩의 차이가 있습니다.[1] 서(舒)는 '펴다', '펼치다', '흩어지게 하다'라는 뜻이며, 요(窈)는 '그윽하다', '심원하다', '아득하다'라는 뜻입니다. 규(糾)는 '얽히다', '꼬이다', '맺히다'라는 뜻으로 그녀를 생각하는 마음 상태를 표현하고 있습니다. 누군가에 대한 생각이 절실해지면, 마음이 꼬이듯 뭉쳐지는 것입니다.

실타래가 엉킨 것처럼 어디가 끝이고 시작인지 아득할 뿐입니다. 그녀에 대한 간절함으로 마음이 깊고, 아련하게 맺혀버렸습니다. 그녀를 만나면 그 실타래가 눈 녹듯 풀어질 것 같지만, 그것은 불가능한 일입니다. 만나더라도 그녀는 사내의 진심을 몰라주기 때문입니다.

사내는 그저 그녀 때문에 얽히고 맺힌 마음이 풀리기를 바랄 뿐입니다. 그래서 이 구절은 '맺힌 마음 풀렸으면'으로 해석하는 것이 적당할 것입니다.

그녀와의 얽힌 관계는 도저히 풀릴 것 같지 않습니다. 그래서 안절부절 마음이 진정되지 않는 것이지요. 근심만 가득해지는 것입니다.

1 주희는 이 부분을 '어이하면 맺힌 속정 펼칠고'라고 해석하고 있습니다.

초(悄)는 '근심하다', '애태우다'로, '노심초사(勞心焦思)'의 '초(焦)'와 같은 뜻입니다. '노심초사'라는 사자성어는 아마도 이 구절에서 비롯 되었을 것입니다.

2,3절도 동일한 내용의 반복입니다.

달빛 희게 빛나니, 예쁜 내 님 고운 얼굴.
맺힌 시름 풀렸으면, 근심만 깊어지네.

月出皓兮, 佼人懰兮.   월출호혜, 교인류혜.
舒慢受兮, 勞心慅兮.   서우수혜, 노심소혜.

우수(慢受)는 '마음에 사무친 시름'을 의미합니다. 달빛에서 촉발된 그녀에 대한 그리움이 사무쳐 시름이 된 것이지요.

달빛 희게 빛나니, 예쁜 내 님 환한 얼굴.
맺힌 시름 풀렸으면, 괴로움에 애태우네.

月出照兮, 佼人燎兮.   월출조혜, 교인료혜.
舒夭紹兮, 勞心慘兮.   서요소혜, 노심참혜.

달빛보다 더 환한 그녀의 얼굴입니다. 요(夭)는 '성하게 자란 모양' 을 의미하며, 소(紹)는 '단단히 꼬아서 만든 끈'처럼 풀기 어려운 상태 를 뜻합니다. 단단하게 묶은 끈처럼 '단단히 맺힌 마음'인 것이지요.

그녀를 만나고, 그녀가 사내에게 관심을 주어야만 풀리는 정인 것입니다. 그녀만이 풀 수 있는 사내 마음의 매듭인 것이지요.

사랑은 풀 수 없는 매듭을 만듭니다. 서로 합심하여 풀어 가면 좋으련만, 매듭은 항상 꼬이기 마련이지요. 더군다나 이 사내는 그녀와의 관계에서 본인 스스로가 매듭을 만들었습니다. 아무런 관심도 주지 않고 있는 그녀가 본인이 만든 매듭을 풀어 주기만을 바라고 있는 것입니다. 애처로운 짝사랑의 노래입니다.

연꽃과 부들은 저리도

사이좋게 자라는데

연꽃 옆 부들
서로 사이좋은데.

멋진 내 님, 아픈 내 맘.

눈물 뚝뚝, 잠 못 이뤄.

– 부들과 연꽃이 함께 있네,『시경』「택피」 중에서 –

연꽃과 부들은 저리도 사이좋게 자라는데

이 노래는 '택피(澤陂)'라는 시입니다. 택피란 '연못에 물을 가두기 위해 둑을 높게 쌓아 만든 곳'을 말합니다. 그 연못가 둑에는 연꽃과 부들이 함께 자라고 있습니다.

이 시에 등장하는 여인은 그 광경을 바라보며 깊은 시름에 잠겨 있습니다. 짝사랑하는 남자가 자신의 마음을 몰라주기 때문입니다. 저 연못 둑에 있는 연꽃과 부들은 서로 사이좋게 잘 자라고 있지만, 자기 자신은 좋아하는 남자와 그렇지 못합니다. 그녀의 눈에는 연꽃은 자신을, 부들은 남자를 상징하는 것처럼 보입니다. 한 번 말이라도 걸어 봤으면 좋겠지만, 그 남자는 눈길도 주지 않습니다.

1절입니다.

저 연못 둑엔, 부들과 연꽃이 함께 있네.
아름다운 그대여, 상처 입은 내 마음 어찌할까.
자나 깨나 아무 일 못하고, 눈물 콧물 흘리네.

彼澤之陂, 有蒲與荷.　　　　피택지피, 유포여하.

有美一人, 傷如之何.　　　　유미일인, 상여지하.

寤寐無爲, 涕泗滂沱.　　　　오매무위, 체사방타.

　늠름하고 수려한 용모를 가진 잘생긴 남자는 그녀에게 전혀 관심이 없습니다. 그 사실이 더욱 그녀의 마음을 아프게 합니다. 차라리 미워하기라도 해줬으면 좋으련만 아무런 관심이 없기에 혼자 애만 태우는 것입니다. 가슴에 맺힌 상처는 이제 어찌할 수 없을 만큼 깊어집니다. 눈물을 흘리고 콧물을 훌쩍이며 슬퍼하는 여인입니다.

　짝사랑의 아픔은 겪어보지 않은 사람에게는 도저히 설명할 수 없는 아픔입니다. 3,000년 전에 짝사랑의 슬픔은 시간을 거슬러 현재까지 이어지고 있습니다. 그 시절에도 사랑의 속쓰림은 여러 사람의 가슴을 아프게 하였던 것입니다.

　2절입니다.

　　저 연못 둑엔, 부들과 연꽃이 함께 있네.

　　멋진 그대, 늠름하고 씩씩하네.

　　자나 깨나 아무 일 못하고, 마음속 근심이네.

彼澤之陂, 有蒲與蕑.　　　　피택지피, 유포여간.

有美一人, 碩大且卷.　　　　유미일인, 석대차권.

寤寐無爲, 中心悁悁.　　　　오매무위, 중심연연.

간(蕑)은 '난초'이지만, 1절, 3절과 같이 '연꽃'으로 해석해야 합니다. 주희(朱熹)와 모형(毛亨)은 간을 '난(蘭)'으로 해석하였고, 정현(鄭玄)은 '연(蓮)'으로 해석하고 있습니다. 이 시는 정현의 해석을 따릅니다. 권(卷)은 '힘이 센'이라는 뜻이며, 연연(悁悁)은 '근심하다'입니다.

마지막 3절입니다.

저 연못 둑엔, 부들과 연꽃이 함께 있네.

멋진 그대, 늠름하고 씩씩하네.

자나 깨나 아무 일 못하고, 잠 못 이뤄 뒤척이네.

彼澤之陂, 有蒲菡萏.　　　피택지피, 유포함담.

有美一人, 碩大且儼.　　　유미일인, 석대차엄.

寤寐無爲, 輾轉伏枕.　　　오매무위, 전전복침.

함담(菡萏)은 '연꽃'입니다. 엄(儼)은 '의젓하다', '공손하다'라는 뜻이며, 여기서는 '의젓하다'라는 뜻으로 사용되었습니다. 전전복침(輾轉伏枕)은 '잠 못 이뤄 이리저리 뒤척이며 베개를 끌어안고 엎드려 있는 상태'를 나타냅니다.

이 노래 또한 연인을 그리워하는 짝사랑의 애절함을 나타내는 시로, 앞에서 본 '월출(月出)'과 비슷합니다. 월출이 짝사랑하는 남자의 마음이라면, 택피는 짝사랑하는 여인의 마음을 노래하고 있는 것이지요. 짝사랑은 나이도, 성별도, 역사도 구별하지 않는 것이니까요.

포로(蒲蘆)

포로(蒲蘆)는 부들로 불리는 식물입니다.

앞의 시에서 등장하는 연못가에서 연꽃과 함께 어울려 자라고 있는
줄기 식물입니다.

여성의 상징인 연꽃과 대비하여
남성을 상징하는 소재로 등장시킨 것입니다.

시경의 이해와 공감은 등장시킨 소재들의 의미를 깊게
들여다보는 것에서부터 출발하여야 합니다.

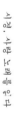

제 30 선

연회의 배경음악,
사랑의 노래

마음속으론 사랑하면서도,
입 밖으로는 내지 못해.

가슴속에 간직한 사랑,
어찌 하루인들 잊으리요.

- 내 님 보니, 즐겁기 그지없네, 『시경』「습상」 중에서 -

연회의 배경음악, 사랑의 노래

마지막으로 볼 노래는 '습상(隰桑)'이라는 시입니다. 이 시는 다른 사랑 노래들과는 다르게 「풍(風)」에 있지 않고, 「소아(小雅)」 편에 있습니다. 「소아」는 잔치 때 쓰이던 음악으로 알려져 있지요.

격식이 필요한 궁중의 잔치에도 흥을 돋울 노래가 필요하였을 것입니다. 짐짓 위엄을 지키려 하지만, 사랑 노래로 흥겨워지고 싶은 마음은 지위 고하를 떠나 불문하는 것이니까요. 그런 이유로 이 노래가 「소아」 편에 들어 있다고 보면 될 것입니다. 다만 다른 사랑 노래들과는 다르게 '군자'나 '덕음'[1]이라는 점잖은 용어를 사용하였습니다.

이 노래의 묘미는 공식적인 연회에서 부르는 노래이기에 마지막 구절 '사랑을 드러내 놓고 말하지 않겠다며, 속마음을 감추는 것'으로 연회 참여자들의 도덕 감정을 보호하고 있다는 사실입니다. 연회 참여자들의 본심을 이 노래의 가사에 은근슬쩍 끼워 넣음으로써, 그들

---

1 덕음(德音)은 말이라는 용어의 존칭입니다. 군자(君子)는 유교적 의미의 군자의 뜻이 아니고 '님'이라는 부드러운 호칭입니다. 그러나 주자(朱子)는 군자를 유교적 의미로 해석하고 있습니다. 「소아」 편에 이 노래가 있다는 이유 하나로 말입니다.

이 즐기고 있는 연회의 수준이 낮아질 것 같아 보이는 위험을 방지하는 안전장치인 것이지요.

1절입니다.

진펄의 뽕나무 아름답고, 그 잎 무성하네.
내 님 보니, 즐겁기 그지없네.

隰桑有阿, 其葉有難.　　습상유아, 기엽유나.
旣見君子, 其樂如何.　　기견군자, 기락여하.

아(阿)는 '아름답다'. 나(難)는 '무성하다', '우거지다'라는 뜻으로 사용되었습니다. 발음은 '난'이 아닌 '나'입니다. 뽕나무는 나무 자체도 수려하고 아름다울 뿐 아니라, 잎도 무성하고 진녹색으로 윤기가 흐릅니다. 사랑을 하면 상대방의 작은 부분도 커 보이고 예뻐 보이는 것이지요. 푸르다 못해 검은 녹색은 젊음이 무르익음을 표현하는 말입니다. 터질 것 같은 젊음은 상대방으로 하여금 사랑의 감정을 불러일으키는 촉매제인 것입니다.

2절입니다.

진펄의 뽕나무 아름답고, 그 잎 윤기 나네.
내 님 보니, 어찌 즐겁지 않으랴.

隰桑有阿, 其葉有沃.　　　습상유아, 기엽유옥.
既見君子, 云何不樂.　　　기견군자, 운하불락.

옥(沃)은 '기름지다', '윤기 흐르다'라는 뜻입니다. 계속해서 보겠습니다.

3절입니다.

진펄의 뽕나무 아름답고, 그 잎 검푸르네.
내 님 보니, 말씀 매우 한결같네.

隰桑有阿, 其葉有幽.　　　습상유아, 기엽유유.
既見君子, 德音孔膠.　　　기견군자, 덕음공교.

유(幽)는 '그윽하다', '어둡다', '검푸르다'라는 뜻이며, 공(孔)은 '매우'라는 뜻의 부사입니다. 교(膠)는 '굳다', '단단하다'라는 뜻으로 사용되었습니다. 덕음은 '말'을 존칭으로 표현하는 언어적 기법입니다. 존경하고 사랑하는 상대방이라면, 그냥 말이 아니고 덕이 있는 음성이 되는 것입니다. 그 말은 변함없이 한결같기에 더 아름답습니다. 매우 딱딱하고 견고하게 붙어있는 '아교(阿膠)'처럼, 불변하는 마음입니다. 자신이 사랑하는 상대방에 대한 마음 또한 변하지 않음을 표현하고 있는 것입니다.

4절입니다.

마음속으론 사랑하면서도, 입 밖으로는 내지 못해.
가슴속에 간직한 사랑, 어찌 하루인들 잊으리요.

心乎愛矣, 遐不謂矣.　　심호애의, 하불위의.
中心藏之, 何日忘之.　　중심장지, 하일망지.

하(遐)는 하(何)와 같은 뜻으로, '어제', '어느', '어떤'이라는 의미로 사용되었습니다. 사랑은 잊지 않는 무한한 관심입니다. 또 사랑의 감정은 어느 곳이든, 누구에게든 저마다의 깊은 동굴 속에 깊숙이 감추어져 있습니다. 입 밖으로 내지는 않지만 가슴속에 간직하고 있는 상대방에 대한 믿음이며, 관심이자 잊지 않음인 것이지요. 마치 사랑을 채굴하는 광부가 발굴해 내기를 기다리는 보물처럼 말입니다. 이것이 이 노래가 말하는 사랑에 대한 정의아닐까요?

마무리하며
- 사랑의 감정은 불멸함을

그야말로 시경에 마음이 꽂혀 시경 해설서 『능소화 부럽구나』를 출간한지 어느덧 2년이 지났습니다. 고전을 해설한다는 것은 힘들고 고된 일이지만, 메마른 현대를 살아가는 우리들에게 좋은 보약일 수 있다는 생각에 용기를 내어 또 하나의 시경 이야기를 출간하게 되었습니다. 또 시경 속에 감추어진 절절하고 애달프며 때로는 농염한 사랑이야기를 독자들에게 선보이고도 싶었습니다. 사랑의 감정은 때와 장소를 불문하고 변하지 않는 유일한 것임을 우리는 이미 경험하며 살아가고 있기 때문입니다.

그렇기에 사랑에 들뜨고, 때로는 그 사랑 때문에 밤을 지새우고, 한숨을 쉬며, 다른 일은 까맣게 잊어버리는 경험을 3,000년 전의 사람들도 지금과 똑같이 했다는 사실을 한자로 유추하고 상상하며, 공감하는 일은 즐겁고도 유쾌한 일이었습니다.

사랑은 인류가 가지고 있는 감정 중 가장 위대한 유산이라고 감히 주장할 수 있습니다. 그 사랑의 감정을 인류의 선현(先賢)들은 좀 더 고귀한 것으로 승화시켰다는 사실을 제외하고 말입니다. 공자는 그것을 '인(仁)'으로, 맹사는 '선(善)'으로, 종교적 선인들은 '희생(犧牲)'으로 사랑을 대체하였을 뿐입니다. 고대의 철학자들도 마찬가지입니다.

플라톤은 '철학적 어짊'으로, 소크라테스는 자기 책임이라는 '희생정신'으로 사랑을 승화시켰습니다.

그중 '사랑'의 최고 경지에는 예수가 있다고 할 수 있을 것입니다. 인류를 대신해서 스스로의 목숨을 바쳤으니 그 사랑이 가장 높은 수준에 속한다고 말할 수 있지 않을까요?

어찌되었든 사랑은 자신이 아닌 타인에게 시선을 둔다는데 의미가 있습니다. 우리가 지금까지 살펴본 시경 속 30편의 시는 자기 자신의 이야기가 아닌 자신이 마음을 두고 있는 상대방으로 인한 안타까움과 연정, 아름다움과 애타는 마음, 흐느낌과 절규를 노래하고 있습니다. 자기 자신이 아닌 타인으로 인한 감정의 발산은 그래서 이타적인 산물이기도 합니다. 자신의 욕심에서 비롯된 것이 아닌 사랑이라는 본능적인 감정에서부터 비롯된 것이니 어찌 아름답지 않을 수 있겠습니까?

그 아름다운 이야기들의 호수 속에서 여러분과 함께 유영하였습니다. 그 사랑의 깊이를 충분히 맛보고 느끼셨기를 기대할 뿐입니다. 또 시경 속의 사랑 노래와 비슷한 경험을 하였다면 여러분은 아직도 따뜻한 인간애를 간직하고 있다는 뜻일 겁니다. 사랑은 감정이 메마른 사람에게는 절대 주어지지 않는 고귀한 선물이기 때문입니다.

공덕동에서

저자 목 영 만

이미지 출처

• Pixabay.com

도요(桃夭), 복숭아꽃, p.12 / 한광(漢廣), 키 큰 나무, p.22, p.28 / 포유매(摽有梅), 매실나무 열매, p.30 / 야유사균(野有死麕), 노루, 떡갈나무, 땔감, 사슴, p.38, p.42 / 포유고엽(匏有苦葉), 나루터, 박, 까투리, 기러기, 일출, p.46, p48 / 곡풍(谷風), 비오는 길, p.56 / 정녀(靜女), 성곽, p.70 / 상중(桑中), 합창, p.78 / 장중자(將仲子), 담장, p104 / 숙우전(叔于田), 텅빈 거리, p.114 / 여왈계명(女曰雞鳴), 들오리, p120 / 교동(狡童), 참새, p.134 / 건상(褰裳), 강과 여인, p.140 / 봉(丰), 돌담길, p146 / 동문지선(東門之墠), 꼭두서니 열매, 밤나무, 밤, p.152, p156 / 자금(子衿), 성루, p158 / 출기동문(出其東門), 양귀비꽃, p.164/ 야유만초(野有蔓草), 이슬방울, p.172 / 진유(溱洧), 작약, p.178 / 동방지일(東方之日), 일출, p.186 / 주무(綢繆), 삼성, p.192 / 동문지분(東門之枌), 산초 열매, p.200 / 동문지지(東門之池), 삼, 모시풀, 골풀, p.212, p.216 / 동문지양(東門之楊), 버드나무, p.218 / 방유작소(防有鵲巢), 까치, 벽돌, 칠면조, 능소화, p.224, p.225, p.226 / 월출(月出), 달빛, p.232 / 택피(澤陂), 연꽃, p.238 / 습상(隰桑), 뽕나무 잎, p.244

- Gettyimagesbank.com

  한광(漢廣), 싸리나무, 물쑥, p.28 / 맹(氓), 부부의 손, p.88

- 목영만

  산유부소(山有扶蘇), 부소, p.128

- 이강국

  곡풍(谷風), 경수와 위수, p.68

『서예』

노정 윤두식, 『시경 무위재필취』, 이화출판사, 2019.